Elogios para

UN CORDÓN ESCARLATA DE ESPERANZA

Una hermosa historia de esperanza de una mujer igualmente hermosa con un corazón increíble. En este libro, Sheryl quita su máscara para compartir su historia. Su historia te recordara que *siempre* hay esperanza.

Jaci Velásquez
Artista ganadora del Premio Dove, actriz y autora

Sheryl Griffin habla de su experiencia personal y su victoria, ofreciendo esperanza y redención para aquellos que se encuentran en las tormentas más oscuras.

Karen Kingsbury
Autora #1 de mayores ventas del *New York Times* de los libros **Fifteen Minutes** y **The Chance**

Cuando leí *Un cordón escarlata de esperanza,* dos cosas se destacaron: Sheryl ha pasado por suficiente angustia para una docena de vidas, y de esa forma es la mujer perfecta para escribir sobre temas muy difíciles como lo son el abuso, el aborto, y demás. Sheryl sinceramente ofrece esperanza a sus lectores, con sugerencias prácticas y consejo sabio, siempre enfocándose en los dones generosos de Dios para el perdón y redención. Cualquiera que sean tus problemas que estás enfrentando en este momento, **Un cordón escarlata de esperanza** puede que sea el recurso solido que tú necesitas.

Liz Curtis Higgs
Autora destacada en superventas con el libro
Mujeres de la Biblia...ligeramente malas

La historia de Sheryl pinta una imagen tangible de las tiernas misericordias de Dios para todos nosotros. Cambia los nombres, los géneros, o geografía; los eventos devastadores y las consecuencias emocionales resonaran con cualquier persona que ha sufrido pérdidas. Al igual que muchos de nosotros, madurando en la vida como ella, preguntándonos si la vida es boca abajo o boca arriba, esperando que un adulto responsable llegue y nos salve. Gracias a Dios por la valentía de Sheryl en escribirlo para todos nosotros. ¡Bravo, hermana!

¡Permite que su historia te guie a creer, aceptar y conocer la libertad que puedes tener en Cristo!

Dana Russell Croce
Ex-Directora, Piedmont Women's Center

La escritura de Sheryl Griffin es sincera, brutalmente honesta, y fácil de leer. Te sientes que estas sentada en su sala, teniendo una conversación uno a uno con ella. Me encontré relacionando mi vida con la de ella y me sentí confortada que no estaba sola. ¡Sus palabras te llegaran al corazón y te encontraras brindándole apoyo a través de sus pruebas y celebrando sus triunfos!

Este libro es perfecto para inspirar a la persona temerosa de Dios que busca el amor en los lugares incorrectos, pero también para animar a aquellos que han logrado encontrarlo. Me sentí animada a lo largo de este libro. Aprecio la disposición de Sheryl para ser transparente en su búsqueda de no solamente encontrar su propia sanidad, sino en ayudar a otros a encontrar la suya.

Victoria Koloff
Autora, ejecutiva de organización sin fines de lucro,
presentadora de radio cristiana
Protagonista en Lifetime Televisión del programa
Preachers' Daughters

Sheryl Griffin aclara lo complicado que es para cualquier persona que lucha con cuestiones de culpabilidad y vergüenza. Después de leer *Un cordón escarlata de esperanza* tendrás una nueva esperanza para vivir libre del temor.

Monica Schmelter
Gerente General, Christian Televisión Network
Y presentadora del programa de televisión sindicado Bridges

Un Cordón Escarlata de Esperanza

UN CORDÓN ESCARLATA DE ESPERANZA

SHERYL GRIFFIN

WordCrafts

Un cordón escarlata de esperanza
Copyright © 2015
Sheryl Griffin

Traducción por: Martha L. Banda
Diseño de portada y fotografía por: David Warren

Los textos bíblicos fueron tomados de la Santa Biblia versión Reina-Valera 1960. Usado con permiso.

Todos los derechos reservados. No se autoriza la reproducción de este libro ni de partes del mismo en forma alguna, ni tampoco que sea archivado en un sistema o transmitido de manera alguna ni por ningún medio —electrónico, mecánico, fotocopia, grabación u otro— sin permiso previo escrito de la casa editora, con excepción de lo previsto por las leyes de derechos de autor en los Estados Unidos de América.

Publicado originalmente en E.U.A. bajo el titulo:
A Scarlet Cord of Hope © 2014 por Sheryl Griffin
por WordCrafts Press
Tullahoma, TN 37388
www.wordcrafts.net

AGRADECIMIENTOS

El Espíritu de Jehová el Señor está sobre mí, porque me ungió Jehová; me ha enviado a predicar buenas nuevas a los abatidos, a vendar a los quebrantados de corazón, a publicar libertad a los cautivos, y a los presos apertura de la cárcel; a proclamar el año de la buena voluntad de Jehová, y el día de venganza del Dios nuestro; a consolar a todos los enlutados; a ordenar que a los afligidos de Sion se les dé gloria en lugar de ceniza, óleo de gozo en lugar de luto, manto de alegría en lugar del espíritu angustiado; y serán llamados árboles de justicia, plantío de Jehová, para gloria suya.

Isaías 61:1-3

Estoy eternamente agradecida con mi esposo Doug quien me ha apoyado y alentado sin vacilación. Él continúa animándome con cada cosa que me esfuerzo a hacer. Él es sin duda mi CAB. Gracias por tu amor y apoyo incondicional. ¡Te amo siempre!

A mi hija Lauren – tú siempre serás mi niña angelita. Estoy orgullosa de quien eres. Estoy agradecida por nuestro yerno Stephen – tú eres la respuesta a las oraciones de una madre. ¡Los amo a los dos!

A mi hijo Garic – tú eres mi sol por siempre y para siempre. Yo sé que Dios tiene un plan y propósito para tu vida y como deseo verlo desenvolverse en ti. ¡Te amo más!

Estoy agradecida por el grupo de mujeres quien me confiaron lo suficiente para estar dispuestas a quitarse las mascaras para ayudar a formar y moldear las preguntas de los

Hilos de esperanza al final de cada capítulo. Estoy agradecida por sus contribuciones, sus ánimos, y su apoyo. Kim Bindel, Annie Brown, René Claybrook, Kara Coats, Suzette Greer, Gwyn Griffeth, Karla Henry, Renee Patterson, Marcy Shore y Laura Spence – siempre serán mis Hermosas.

Martha Banda y Adrian Aizpiri Gracias por su don de la traducción, su tiempo, ya la creencia en mi historia! Debido a su dedicación a los idiomas español e inglés, mi historia y la esperanza de que me he encontrado ahora se pueden comparti r con todos los que hablan español y luchan con la culpa, la vergüenza y el miedo. A Dios sea la gloria! Siempre hay esperanza! Que Dios los bendiga Marta y Adrián. Estoy eternamente.

Quiero agradecer a Mike y Paula Parker por su apoyo constante y su ánimo con este proyecto. ¡Estoy honrada de que me incluyan como uno de sus autores!

También quiero agradecer a cada uno de ustedes que han tomado el tiempo para mandarme un correo electrónico, escribirme, o hablarme a través de los años, animándome y haciéndome saber que no estoy sola. ¡Sus palabras, sus muestras de amor y cariño y sus oraciones significan lo máximo para mí y estoy agradecida por Ti!

DEDICACIÓN

Este libro está dedicado a todos quienes caminan en esta vida con su cordón escarlata de culpa, vergüenza y temor. Oro que a medida que lees este libro puedas comenzar a ver que tu cordón escarlata realmente es **un cordón escarlata de esperanza.**

¡Siempre hay *esperanza*!

CONTENIDO

EL COMIENZO 1
LAS VISITAS CON MÍ MAMÁ................................. 6
LA VIDA FAMILIAR CON MI PAPÁ...................11
LAS HORMONAS DE LA ADOLESCENCIA...............18
VIVIENDO CON MÍ MAMÁ 23
ACEPTANDO A CRISTO..30
Y LUEGO VINO EL MATRIMONIO 35
LA PALIZA 42
SECRETOS..51
LA ACUSACIÓN..55
LA FELICIDAD Y LA DISFUNCIÓN 63
LA INFIDELIDAD..70
MI MAMÁ..74
DIVORCIO 77
MAMÁ SOLTERA..83
CONOCIENDO A DOUG DE LA SELVA 88
VERDAD 95
UNA VIDA NUEVA 102
MI PAPÁ 109
CONTROLADA POR EL TEMOR....................... 113
ESTRECHANDO Y DESARROLLÁNDOME 117
ENTRÉGALE LAS LLAVES................................. 123
LA MUDANZA QUE ABRIÓ LA PUERTA 127
MÁS.. 132
LAUREN 138

LA FE Y EL SOLTAR	143
PÁNICO Y TEMOR	147
NUBES OSCURAS SE FORMAN	152
LA TORMENTA PEGA	157
QUE EMPIECE LA SANIDAD	162
EL PODER DEL PERDÓN	170
PERDIDO Y ENCONTRADO	176
LA JORNADA CONTINÚA	181
ACERCA DE LA AUTORA	183

CAPÍTULO 1
EL COMIENZO

Porque tú formaste mis entrañas; tú me hiciste en el vientre de mi madre. Te alabaré; porque formidables, maravillosas son tus obras; estoy maravillado, y mi alma lo sabe muy bien. No fue encubierto de ti mi cuerpo, bien que en oculto fui formado, y entretejido en lo más profundo de la tierra. Mi embrión vieron tus ojos, y en tu libro estaban escritas todas aquellas cosas que fueron luego formadas, sin faltar una de ellas.

Salmo 139:13-16

El año era 1965 y la vida, como dos personas jóvenes la conocían, estaba por cambiar. Habían realizado sus votos de matrimonio y prometieron amarse y honrarse el uno al otro frente de la familia del joven. Todos sabían porque se estaban casando, aunque no era aparente aun.

A menudo me pregunto si mi madre se hubiera casado de no haber quedado embarazada conmigo. ¿Hubieran salido como novios más de las pocas veces que lo hicieron antes de que ella quedara embarazada? ¿Acaso estaban realmente enamorados?

A pesar de que las probabilidades estaban en su contra, hicieron lo que se esperaba de ellos y a la vez guardaban la esperanza de que todo saliera bien. En algún momento dentro de los cinco años y medio en el que estuvieron casados, el abuso de alcohol, las acusaciones, y las disputas abrieron la puerta a que esa esperanza se hiciera una memoria distante. El divorcio que les siguió en 1972 fue lleno de ira y engaño.

Siendo una niña de cinco años, empecé a tomar la responsabilidad por las decisiones y comportamientos de los demás. Yo me sentía responsable por el rompimiento de mi familia y del dolor y la ira que mis padres abiertamente mostraban frente a mí. Cada uno contaba historias de traición, abuso e inestabilidad.

Tengo memorias de ellos discutiendo y gritándose. Una vez en particular se encontraban en la cocina y sus voces rápidamente se intensificaron. Yo estaba en el cuarto de en frente viendo televisión. Mientras miraba hacia la cocina, se me hizo un nudo grande en el estomago. No los podía ver, pero pude oír el tono y las palabras de ira. Mi papá se dio cuenta que yo estaba escuchando y me mandó a mi cuarto. Inmediatamente brinqué y obedecí. Al estar sentaba en mi cama, alguien cerró la puerta de mi cuarto. Escuche más gritos y después llantos. Tomé mi muñeca y mi cobija, y las abracé fuertemente a mi pecho mientras lágrimas se formaban en mis ojos.

Quería correr a la cocina y abrazar a mis padres con la esperanza de parar las palabras furiosas que se lanzaban el uno al otro. No entendí porque se estaban peleando, pero pensé que de alguna manera yo era la responsable. *¡Si solo me hubiera portado mejor!* Más culpabilidad se amontonaba en mi corazón cuando me di cuenta de que yo no tenía el valor de abrir la puerta y pedirles perdón.

Estaba a mitad de mi año de kínder cuando acordaron que yo terminaría el año escolar y continuaría viviendo con mi papá, mientras que mi mamá escogió irse a vivir a varias horas de allí para estar con su hermana y su cuñado. Lo que sucedió después de eso depende de a quién le preguntes. Según mi papá, mi mamá voluntariamente firmó los documentos legales dándole a él la custodia permanente de mí antes de que ella se fuera de la casa. Mi mamá dice que ella firmó los documentos, pero había también un acuerdo verbal entre ellos diciendo que al finalizar el año escolar ella tendría la custodia permanente de mí y que yo viviría con ella.

Poco después que mi mamá se fuera de la casa, mi papá y yo dejamos el dúplex donde habíamos vivido y nos mudamos a la casa de sus padres. Mis abuelos hacían todo lo que podían para consolarme y protegerme de la dura realidad de lo que sucedía. Yo mantuve mis sentimientos de culpabilidad y tristeza en mi corazón. Trataba de no llorar cuando me encontraba triste o extrañando a mi mamá porque sabía que eso haría que mi papá se sintiera mal.

Después del acuerdo del divorcio, mi papá obtuvo mi custodia permanente. El juez le otorgó a mi mamá dos visitas anuales – una semana después del día de Navidad y dos semanas en el verano. Se le permitía llamarme por teléfono una vez a la semana los domingos por la noche. Mi mamá estaba furiosa con la orden del juez y prometió seguir peleando para obtener la custodia de mí.

Las batallas en los tribunales continuaban y durante una de las últimas audiencias el juez quiso oír de mí. Para esto me fue asignado un abogado defensor de niños.

Mis padres me prepararon sobre quien era la mujer, a quien yo le estaría respondiendo, y sobre la importancia de lo que yo tendría que decir. Finalmente llegó el día cuando la conocí. Yo estaba nerviosa. La situación pesaba mucho sobre mi corazón. Intenté recordar lo que mis padres me dijeron que yo respondiera. No pude recordar cual padre me dijo qué, y todas las inseguridades de mi niñez regresaron con furor, haciéndome sentir que no importaba lo que dijera, iba a dar la respuesta incorrecta. Yo quería creer que tenía una varita mágica para unir nuevamente a mi familia. Yo quería decir las cosas correctas para hacer que todo funcionara.

No recuerdo todas las preguntas que me hicieron, ni cómo respondí, pero sí recuerdo que le dije que quería vivir con mis padres. Su respuesta fue corta y llena de simpatía. *"Perdóname Sheryl, eso no parece ser una opción hoy."* Me fui de su oficina preguntándome si dije las cosas correctas para que todos estuvieran felices. Me preguntaba si ella le diría a alguien lo que yo le dije. Continúe manteniendo todo muy dentro de mí.

Lo que ahora sé

El propósito de Dios para mí fue nacer con el ADN específico de cada uno de mis padres. Mis padres quizá no *planearon* tenerme, pero Dios si lo planeó. Yo no fui un accidente.

Yo no fui responsable por el rompimiento del matrimonio de mis padres.

Es natural que los niños de padres divorciados se sientan confundidos y quieran vivir con sus padres.

Mis padres (sin querer) me pusieron en medio de su divorcio y de sus sentimientos del uno para el otro. Esto abrió la puerta a que la culpabilidad y la vergüenza tomaran forma en mi mente y corazón.

El divorcio afecta a toda la familia. Los niños y los adultos lo afrontan de manera distinta. Los niños no tienen la madurez emocional o la habilidad de comunicación verbal que se requiere para comunicar plenamente sus sentimientos y a menudo les dirán a los padres lo que ellos creen que quieren oír.

Cada año un millón de niños son afectados por el divorcio.

Hilos de esperanza

1. Lee el Salmo 139:1-16. ¿De qué manera puedes empezar a escoger el vivir como si creyeras que esta escritura es verdad y que fue escrita para ti?

2. ¿Puedes recordar un momento de tu niñez cuando quisiste complacer a dos adultos con diferentes agendas al mismo tiempo? ¿Cuál fue el resultado?

3. ¿Mirando hacia atrás con la sabiduría y perspicacia que ahora has adquirido que le dirías a un niño que está luchando en complacer a dos adultos que están en desacuerdo?

4. ¿Ha afectado tu vida un divorcio o una relación fracturada (por medio de ti misma(o), tus padres, tu familia, o tus amigos)?

5. ¿Qué elementos claves podrían emplearse para ayudar a un niño a enfrentar una situación con padres divorciados?

CAPÍTULO 2
LAS VISITAS CON MÍ MAMÁ

La paz os dejo, mi paz os doy; yo no os la doy como el mundo la da. No se turbe vuestro corazón, ni tenga miedo.

Juan 14:27

Poco después que el divorcio de mis padres se finalizó, cada uno se casó de nuevo en el mismo día, en el mismo estado, y cada novia estaba embarazada. Yo soy la "hija única" de mis padres. Soy la mayor de seis hijos de mi padre y la mayor de dos hijos de mi madre. Entre la edad de seis a quince años, crecí con mi papá y madrastra, sus dos hijos de un matrimonio anterior y tres medios hermanos mucho más menores.

Durante nuestras visitas, mi mamá en veces quería tener "la plática" conmigo. Estas conversaciones siempre me ponían nerviosa. Ella me decía cosas terribles de mi papá, cosas perturbadoras de su matrimonio con él. Luego me hacía preguntas normalmente relacionados con ella misma. Yo frenéticamente buscaba en mis memorias, tratando de encontrar la respuesta *correcta* a lo que ella estaba buscando. Estas preguntas a menudo estaban relacionadas con ella misma... "¿Sheryl, si tú pudieras cambiar una cosa de mí, que sería?" Recuerdo que una vez le respondí nerviosa que deseaba que ella dejara de fumar. En ese momento me pareció razonable mi respuesta. Ella fumó su cigarrillo más detenidamente de lo normal, le sonrió a mi padrastro y dijo, "Pues eso no va a cambiar." La sonrisa que compartió con mi padrastro me dio alivio. Había contestado de manera que no la había puesto triste.

El tiempo con mi mamá siempre incluía viajes divertidos, ropa nueva, viajes a Disneylandia, Knott's Berry Farm, parques y ferias. Disfrutábamos jugar juntos. Uno de mis juegos favoritos en ese tiempo era un juego de mesa llamado «The Peanut Butter and Jelly». Yo amaba ese juego. Frecuentemente yo hacía trampa para asegurar que mi mamá o yo ganáramos y que mi padrastro perdiera. En respuesta a mi petición, también jugaban a la *casita* o al *médico* conmigo. Cuando jugábamos a la *casita*, mami y yo éramos las buenas y mi padrastro siempre fue relegado a ser el extraño o el malo. Cuando yo sacaba mi kit de médico, yo siempre era la médica, mi mamá la enfermera, y mi padrastro siempre tenía que ser el paciente enfermo. Nunca fallaba: cualquier cosa que le molestaba, la Dra. Sheryl tenía la cura – y regularmente incluía recibir una vacuna o dos. Yo me aseguraba que esas inyecciones entraran firmemente en su brazo. Él siempre fue el paciente valeroso y tenía una sonrisa en la cara.

Mirando atrás, ahora entiendo que fui influenciada por los comentarios de mi papá sobre mi padrastro. Desafortunadamente, yo no fui muy amable con él. No era que yo fuera una persona competitiva. Yo no tenía que ganar los juegos, solo asegurarme que *él* no ganara. Él parecía entender que la razón que yo lo trataba de esa manera era por causa de mi situación.

Demasiado rápido, cada visita llegaba a su fin. Mientras íbamos al aeropuerto, yo sabía que nuestra relación regresaría a una llamada corta por teléfono los fines de semana y a las tarjetas hechas en casa que ella me mandaba por correo. Pasarían seis meses hasta que nos viéramos de nuevo.

En camino a casa de papá, yo meditaba en la imagen de

mamá – su cabello rubio, largo, y hermoso, su maquillaje aplicado a la perfección, hasta su olor. Frecuentemente aplicaba la loción de manos Rose Milk para siempre oler a rosas. Su casa era bonita y limpia, tenía un sentir amoroso – las camas tendidas, la ropa lavada y siempre guardada, los ceniceros limpiados cada noche, las vitrinas ordenadas, los platos nunca se quedaban en el fregadero y el mostrador siempre quedaba limpio y sin desorden. Las mesas de centro y los estantes siempre estaban libres de polvo y los pisos siempre estaban aspirados, trapeados y barridos. Durante la hora de la comida nos sentábamos como familia a la mesa. Hablábamos, reíamos, y jugábamos juntos.

Nuestras visitas juntos siempre eran divertidas – eso es, con la excepción de los últimos días. Esos se pasaban con poca comunicación y una tristeza subyacente. La realidad de no vernos por muchos meses fue dura. Durante una visita en particular, mientras nuestro tiempo juntos terminaba, mi mamá y mi padrastro me preguntaron si yo quería irme a vivir con ellos. ¡Claro que yo dije que sí! El resto del día nuestras conversaciones iban en torno a la posibilidad de moverme, cambiar mi nombre…y nunca ver a mi papá y a su familia otra vez.

Lloré cuando comencé a entender todo lo que eso implicaba. Yo quería vivir con mi mamá, pero también quería vivir con mi papá. Me dijeron que le llamara a mi papá y le dijera que ya no volvería a su casa. Lloré mientras le decía que no regresaría. Mentí y le dije que fue mi idea y que esto es lo que yo quería.

En ese tiempo, me parecía que solo habían pasado minutos para cuando llegó mi papá a la puerta de la casa con el *sheriff*. La realidad es que se hubiera tomado horas y posiblemente días porque él tendría que haber hecho una reservación de vuelo, contactar a su abogado, y encontrarse con el departamento del *sheriff* local. Mientras papá y el sheriff se quedaron parados a la puerta, mamá calmadamente junto mis cosas y las puso en mi maleta. Me abrazó y con lágrimas en sus ojos me dijo que nunca olvidara cuanto me amaba.

Papá y yo nos fuimos al aeropuerto en el asiento trasero del automóvil del *sheriff*. Mientras nos acomodábamos allí, los dos lloramos y nos abrazamos. Yo me sentí responsable por el dolor y la angustia que vi en mi papá, pero también me sentí responsable por las lágrimas y el dolor que vi en mi mamá cuando me fui. Lloré todo el camino a casa. Por lo que sé, ninguna acción legal fue tomada en contra de mi mamá.

Yo me sentía culpable por querer vivir con mi mamá y por decir «si» a su plan, aunque cuando me di cuenta lo que eso significaba, cambié de pensar. Me sentí culpable por decirle a mi papá que no quería regresar a casa. Sentí temor y culpabilidad cuando vi al sheriff a la puerta. En mi mente de niña, la policía solo iba por las «personas malas».

Yo no sabía cómo comunicar lo que estaba pasando en mi mente y corazón. Nadie dijo una palabra después de esto, ni papá, ni mamá, ni mis abuelos. El tema se olvidó y nunca hablamos sobre ello otra vez. Disimular que todo estaba bien y no hablar mas de ellas continuaría como un hábito de vida que al final me conduciría a mi primer ataque de pánico.

Lo que ahora sé

Los padres deben reservar sus opiniones e historias negativas de cada uno para otros adultos, y no para los hijos. De lo contrario, puede tener un efecto dañino en los hijos.

Nunca disimules que no pasa nada, no importa que tan difícil sea la situación. La comunicación apropiada para la edad es vital. El no hablar sobre una situación no hará que desaparezca.

Los hijos no deben ser el confidente de los secretos o

sentimientos de sus padres. El niño no está capacitado para procesar tales cosas a nivel adulto. Esto crea una carga enorme para el niño y los puede conducir a sentir vergüenza y culpabilidad.

En situaciones de divorcio es importante enfocarse en lo que es mejor para el hijo (o hijos) involucrado y no necesariamente en lo que les conviene a los adultos.

Hilos de esperanza

1. Recuerda un momento de tu niñez cuando fuiste afectado por sentimientos de culpabilidad. ¿Disimulaste que no pasaba nada, o has podido sobrellevarlo?

2. ¿Si tuvieras la oportunidad de hablar con un amiga(o) que está luchando con alguna herida/trauma en su vida, que consejo le darías para animarla(o)?

3. ¿Habrá una situación donde esté bien ignorar la orden de la corte o una sentencia del juez? ¿Cuándo? ¿Por qué?

4. ¿Luchas con presentar una buena imagen por fuera y sin embargo, por dentro estas hecha(o) un caos? ¿Qué puedes hacer para comenzar el proceso de quitarte la máscara y permitirte el ser real con los que te rodean? Lee 2ª de Timoteo 1:7.

5. ¿Ha causado las acciones de otra persona que cargues culpabilidad innecesaria? ¿Qué puedes hacer ahora para quitar esta carga de culpabilidad de tu vida?

CAPÍTULO 3
LA VIDA FAMILIAR CON MI PAPÁ

Cercano esta Jehová a los quebrantados de corazón; y salva a los contritos de espíritu.

Salmo 34:18

Tan pronto papá y mi madrastra se casaron, el quiso una familia instantánea. Él sentía que las cosas se darían mas naturalmente si yo empezaba a llamarle a mi madrastra, *mamá*. Yo *no* quería hacer esto. Me sentía incomoda. Ellos no habían sido novios mucho tiempo y yo sentí que no la conocía. Yo la veía como una amenaza porque tenía la esperanza de que un día mis padres se reconciliaran. Aunque ellos habían dicho claramente que eso no pasaría, yo tenía la esperanza. También me preocupaba que si yo empezaba a llamarle *mamá* eso heriría a mi verdadera mamá.

Pero papá estaba determinado. Me llevó a paseos de coche, solo él y yo, y él usaba ese tiempo para tratar de convencerme. Me dijo que era muy importante para él que yo hiciera esto (culpabilidad). Me dijo lo feliz que eso la haría (tomando responsabilidad por los sentimientos de otra persona en vez de los míos). Él nunca me preguntó si yo quería hacer esto o como me sentiría al respecto. Él solo me dijo lo que él quería y esperaba que yo obedeciera.

Finalmente lo dije – "Mamá." Esa palabra sencilla parecía que hacía a todos felices, a todos menos a mí. Diciendo y haciendo cosas para hacer a otros felices, a mi expensa, se desarrollaría en un hábito de comportamiento que me prepararía para una relación abusiva. Sin embargo, tenía cuidado de no llamarle *mamá* cuando hablaba con mi mamá verdadera.

Mis hermanos menores y yo éramos muy unidos. Con gusto tomaba el papel de hermana mayor y me encargaba de cuidarlos. Aunque quería ser hija única, también anhelaba sentirme necesitada y querida por mis hermanos. Como hermanos nos llevábamos bien y nos cuidábamos los unos a los otros. Era rara la vez cuando uno de los más pequeños no se acostara conmigo por la noche. Esta rutina familiar e inocente después me acosaría en mi primer matrimonio.

Como familia, siempre luchábamos financieramente. Entre que mi papá era despedido de su trabajo, las huelgas del sindicato de trabajadores, una herida seria en su pie, y mantener a seis hijos, el dinero siempre era un asunto preocupante. Esto fue difícil de aceptar. Ningún hijo quiere ser 'menos que' al compararse con sus compañeros. Nos dijeron que le dijéramos a la cajera en la tienda local, *"Por favor, no cobre este cheque por una semana."* Afortunadamente, ellos conocían nuestra situación familiar y siempre eran acomedidos. Yo sabía que mis amigos nunca tenían que decir esto cuando iban a la tienda, así que yo le daba vueltas a la tienda hasta asegurarme que nadie que yo conocía estuviera allí.

Con la excepción de la ropa nueva que mi mamá me compraba durante mis visitas, yo siempre tenía ropa usada. Nuestra casa y nuestros coches siempre lucían antiestéticos y empobrecidos. Nuestra familia a menudo calificaba para ayuda del gobierno, estampillas de comida, y comidas gratis en la escuela. Mi madrastra en veces cuidaba a niños solo para ganarse un poco más de dinero. Con dos adultos, seis hijos, y el dinero extra que mi madrastra se ganaba, la casa siempre estaba caótica y desordenada. A nadie realmente le importaba su apariencia allí. Todos simplemente hacíamos lo que teníamos que hacer para pasar el día.

No había nada de importancia de nuestra vida familiar fuera de nuestras finanzas. Nuestro hogar simplemente…*existía*. Vivíamos en una vecindad de clase media, en una casa de tres recamaras y un baño. La casa tenía alfombra azul y cortinas blancas y negras con otras rojas transparentes. Estaba amueblada con unas pocas piezas que mi madrastra se trajo al casarse, y unas pocas cosas que mi papá compartió. El resto de los muebles nos lo regalaron mis abuelos.

De niños teníamos muchas tareas domesticas que hacer. Nos parecía que nuestra secadora nunca funcionaba, así que era mi trabajo colgar la ropa afuera sobre la cuerda. Con ocho personas en la familia, siempre había mucha ropa que lavar. Si yo dejaba ropa colgando afuera por mucho tiempo, tijeretas invadían la ropa limpia. Yo odiaba esos insectos y odiaba como la ropa limpia siempre se sentía rígida y rasposa por estar expuesta al sol y al viento que los secaba.

Aunque desempolvar, aspirar, y limpiar los ceniceros nunca fue una prioridad en nuestra casa, lavar los platos sucios siempre lo fue. Mis dos hermanastros y yo teníamos que turnarnos para lavar los platos cada noche, pero aun así la cocina nunca estaba realmente limpia. Como nunca lavábamos los platos muy bien, me parecía que siempre tenía que lavar un vaso "limpio" si quería tomar algo. No se nos requería tender la cama con la condición de que no dejáramos nada en el piso en la noche. No importaba si sencillamente dejábamos cosas debajo de la cama o en los clósets.

Tener un baño con ocho personas solo agregaba más al estrés. La puerta no tenía traba; por tanto, a menos que abrieras el cajón del mostrador de manera que bloquearas la puerta de abrirse la privacidad nunca estaba garantizada. Las toallas rasposas, hechas aun mas rasposas porque se secaban al sol, hacía que el darse un baño fuese una experiencia no tan agradable. Además, el olor acre del orín añejo siempre era algo constante.

Los tiempos de la cena en nuestro hogar siempre eran rápidos y silenciosos. Los niños se sentaban a la mesa, mientras mi papá y mi madrastra comían en el cuarto de en frente. Eso hacía las cosas fáciles cuando había algo en nuestro plato que no nos gustaba. Simplemente tirábamos la comida debajo de la mesa donde el perro se la comía o la barríamos fuera después de la cena.

Aunque no había abuso alguno en nuestro hogar, yo anhelaba regresar a mi familia *ideal* – mi vida antes del divorcio de mis padres. No podía dejar atrás mi fantasía de niña de imaginar que quizá un día mis padres se amarían de nuevo. También anhelaba profundamente una relación emocional con mi papá. Yo sabía que algo faltaba. El único tiempo donde teníamos una conexión era cuando él y yo visitamos a sus papás. Lejos de las distracciones de nuestra vida cotidiana, mi papá me hablaba y se conectaba conmigo. Yo esperaba esos viajes con emoción cuando él sacaba sus libros de recuerdos de la escuela secundaria y me contaba historias de su novia y de sus amigos.

Había otras cosas que él me contaba durante esos tiempos. Me dijo que mi mamá nos abandonó, que tenía *problemas*. Me dijo que ella nos abandonó así como dejó a su primer esposo. Ella se había casado con su primer esposo a la edad de quince años y dio a luz un hijo. Su nombre era LeRoy. Mi papá me dijo que ella escogió dejar a su hijo y a su esposo.

Yo nunca hacía preguntas ni comentarios durante esas conversaciones porque en mi corazón sabía que él probablemente se lo estaba inventando. Mi mamá nunca había mencionado que yo tenía un hermano antes, y nadie más me había contado nada acerca de él.

En una visita de verano cuando yo tenía diez años de edad, al final de nuestra visita, mi mamá y mi padrastro me sentaron y me explicaron que tenían noticias que darme. Me preguntaba que podría ser. Me contaron que antes de que mi mamá se casara con mi papá ella había estado casada con otro hombre y había tenido un bebé – un niño llamado LeRoy. Me quedé consternada e insegura de qué decir o cómo responder. Yo no quería que ellos supieran que mi papá ya me lo había dicho anteriormente y yo no lo quería creer. Sentí gran culpabilidad por pensar que mi papá se lo había inventado.

Conocí a LeRoy por primera vez en el verano de 1977. Parecía ser buena idea y casi siempre que visitaba a mamá, lo tenían a él allí también. Entonces en una visita en particular él no estuvo allí. Pregunte si él vendría y la respuesta de mamá fue, *"No, el ya no estará visitándonos de hoy en adelante."* Yo lloré. Yo no entendí el porqué, pero sabía que era mejor no hacer preguntas.

Al pasar el tiempo yo continúe tejiendo nuevos hilos en la rápida expansión de mi cordón escarlata de culpabilidad. Todo había empezado cuando tomé la culpa inicial de la infelicidad y divorcio de mis padres. Aun los privilegios de mi niñez tenían el potencial de aumentar mi sentimiento de responsabilidad. Tenía visitas con mamá dos veces al año y hablaba con ella por teléfono cada semana. Mis hermanastros no tenían ese privilegio porque su padre natural no hacía ningún esfuerzo por mantenerse en contacto con ellos. No era mi culpa pero aun así me sentía culpable. Aunque los papás de mi papá y mi tía eran lindos y amables con todos mis hermanastros, ellos se dedicaron a mí y solían invitarme a pasar los fines de semana en sus casas – invitaciones que no extendían a mis hermanastros.

Nuevamente, la culpa sobre algo de lo cual yo no tenía control alguno pesaba mucho sobre mí.

Yo sabía que le dolía a mi madrastra y pensé que ella me guardaba resentimiento por causa de ello. Hay que reconocer que ella nunca me trató diferente. Mirando hacia atrás, yo sé que eran mis propios sentimientos que proyectaba hacia ella.

Lo que ahora sé

Los padres no deben coaccionar o manipular con culpabilidad a sus hijos a sentir algo que ellos no sienten. Como adulto tienes que tomar la decisión correcta para tu hijo, pero es importante que tú escuches el corazón de tu hijo y consideres los riesgos antes que le hagas cumplir algo que es importante para ti.

La comunicación abierta es importante en cualquier relación pero más aun en familias mezcladas. Estas familias no solo luchan con las realidades de un divorcio, pero también los conceptos de mezclar dos diferentes familias en una sola.

Años después de que mamá me dijo que mi hermano LeRoy ya no nos visitaría, yo recibí un entendimiento mayor de la situación. Aparentemente, LeRoy había traído drogas a la casa, y en vez de ayudarle o crear límites escogieron cortar todo vínculo con él. Su objetivo fue protegerme a mí y a mi hermana menor.

La vergüenza te da un sentimiento que dice que yo *soy* malo. La culpabilidad te da un sentimiento que *hiciste* algo malo. Estos dos sentimientos pueden ser saludables y necesarios, pero es importante mantener un buen balance, lo cual yo no hice.

Hilos de esperanza

1. ¿Hay un momento en que fuiste coaccionado a tomar una decisión? Lee Salmo 34:18 y Sofonías 3:17.

2. ¿Cuales son los desafíos y las bendiciones de tener una familia mezclada?

3. Si estás luchando con la culpabilidad y la vergüenza, necesitas encontrar la raíz del problema y tratar con ello. Es importante perdonarte a ti mismo (y a los demás). Romanos 8:1 nos dice, "Ahora, pues, ninguna condenación hay para los que están en Cristo Jesús." Si has aceptado a Cristo en tu corazón, lee Efesios 1:7 y Colosenses 1:13-14. Anima y afirma a alguien esta semana con una de estas escrituras (una carta por correo, un detalle con una escritura añadida, orar una de las escrituras sobre ellos, etc.).

4. El enfrentar problemas y seguir adelante de una manera saludable requiere trabajar en el *corazón*. Para entender porque tomaste cierta decisión, permitiste un comportamiento o respondiste de cierta manera a ciertas cosas, necesitas llegar a la raíz del asunto. ¿Hay alguna área de tu vida que estás dispuesta(o) a confrontar y seguir adelante?

5. La autora Liz Curtis Higgs ha dicho, "No puedes pecar mas allá de la misericordia de Dios." ¿Crees esto? ¿Por qué o por qué no? Encuentra una escritura que confirme lo que crees.

CAPÍTULO 4
LAS HORMONAS DE LA ADOLESCENCIA

Pero Dios, que es rico en misericordia, por su gran amor con que nos amo, aun estando nosotros muertos en pecados, nos dio vida juntamente con Cristo (por gracia sois salvos).

Efesios 2:4-5

Cuando yo tenía doce años mamá y mi padrastro se mudaron cerca de donde yo vivía con mi papá. Ahora solo vivían a treinta minutos de distancia por carro. Para mi gran sorpresa y alegría, mi papá estuvo de acuerdo en permitirme pasar más tiempo con mi mamá. Además de nuestras visitas regulares de verano y de Navidad, pude pasar los fines de semana enteros con ella una vez al mes.

El verano antes de mi primer año escolar de preparatoria, comencé a florecer en una señorita. Yo siempre luchaba con las cuestiones de auto-imagen. Nunca me sentí bonita. No tenía autoestima. Desde luego que no vestía de moda ni era una de las chicas populares, pero ese verano empecé a recibir mucha atención de los muchachos. Yo estaba confundida.

Yo pensaba que la atención que recibía eventualmente se convertiría en amor, y caí en el hábito *secreto*. Yo estaba dispuesta a tener relaciones *indiscretas* con un jugador de futbol americano o con un muchacho popular de la clase, aunque estos muchachos solían tener una relación *abierta* con una porrista o una chica popular. Mi corazón siempre tuvo la esperanza de que alguien abriría los ojos y dijera, *"Sheryl, ¡Te amo a ti! Tu eres la que yo quiero y necesito."*

Eso nunca pasó. No hago excusas por el comportamiento de esos muchachos, pero tampoco los culpo porque yo era una presa fácil. Y estaba dispuesta porque tenía esperanzas.

Hay una frase célebre de una de mis películas favoritas, *Eso que tú haces*, es lo que amo. La protagonista principal acababa de abrir sus ojos y su corazón a la cruda realidad del verdadero carácter de su novio y como él la maltrató. Ella es lo suficientemente valiente para verlo, reconocerlo, y dejarlo. Por lo que le dice, *"Desperdicié demasiados besos en ti."* Yo también desperdicié besos en jóvenes que no lo merecían.

Mi primera relación seria fue con Richard, un muchacho de la escuela primaria que me gradué. Empezamos a salir juntos en octubre de 1980. Era nuestro primer año de la preparatoria. Él parecía llenar mi necesidad de atención y amor, pero tenía una reputación de parrandero y yo tenía que competir con las drogas y el alcohol por su atención. Aunque yo nunca tomaba bebidas alcohólicas o drogas, yo lo protegía y lo cubría cuando él lo hacía.

A la mitad de mi segundo año de preparatoria, después de una confrontación con mi papá, pedí permiso para ir a la casa de mi mamá por un fin de semana adicional. Papá me dijo que *"No."* Yo no entendía porque rehusaba el dejarme ir, así que tome la valentía de preguntarle, *"¿Por qué?"* El preguntarle solo lo hizo enojar.

—Bien —dijo él—. Si quieres vivir con tu mamá, entonces hazlo.

—Está bien —le respondí antes de darme cuenta de lo que estaba diciendo—. Yo quiero ir a vivir con mi mamá.

Mi papá estaba devastado y se negó hablarme; él llamó a mi abuelo para que viniera a hablar conmigo en su lugar. Nunca olvidaré las lágrimas en los ojos de mi abuelo mientras me preguntaba, *"¿Por qué?"*

Yo no sabía cómo decirle que me quería ir de allí desde hace mucho tiempo. Estaba cansada de las responsabilidades interminables de cuidar niños y de las tareas domesticas. Yo vi la vida en casa de mi mamá como un escape. Yo sabía que ella quería que yo viviera con ella, y pensé que si vivía con ella, ella ya no estaría triste. Para ella sería como si yo estuviera llegando a *casa*.

Mi papá se negó hablarme por más de un año. Aunque yo estaba emocionada de vivir con mi mamá, me sentía reprensible a los ojos de mi papá. La culpabilidad que vino con mi decisión solo agrego más peso al cordón escarlata que inexorablemente me envolvía como un nudo invisible alrededor de mi cuello.

Desde los quince a dieciocho años viví con mi mamá, mi padrastro, y mi hermana menor. La vida en casa de mi mamá fue muy diferente a la vida en el hogar de mi papá. Tener solo una hermana en casa hacía una gran diferencia. No tenía las responsabilidades que tenía en casa de mi papá. Había tranquilidad y la casa siempre estaba limpia. El dinero no era un problema –no mas ropa usada, comida gratis de la escuela, ni estampillas de comida del gobierno. Las cosas estaban limpias, ordenadas, y se veían bien…por lo menos así se veía desde afuera. Las apariencias importaban.

Lo que ahora sé

Yo estaba buscando una conexión emocional y estaba dispuesta a sacrificar mis necesidades y mis deseos si pensaba que alguien me amaba.

Yo tenía una manera poco saludable de ver las relaciones y sus límites, Era una facilitadora dispuesta y co-dependiente.

Una de las razones que sentí que mi primera relación parecía llenar todos mis vacíos era porque se ajustaba a los hábitos que estaba acostumbrada. Su uso de drogas y alcohol no nos permitía acercarnos mucho y yo subconscientemente pensaba que podría ayudarlo.

Mi papá tomó mi decisión de irme a vivir con mi mamá en forma personal, se sintió que yo estaba escogiendo a mi mamá en su lugar.

Hilos de esperanza

1. Mirando hacia atrás cuando tenías quince años, ¿Qué consejo sabio te darías a ti misma?

2. El permitir relaciones secretas y desperdiciar besos con jóvenes que no lo merecían fue una señal que no me respetaba a mí misma. ¿Qué es algo que tu quizás estás haciendo que puede ser una señal que no te respetas a ti misma(o)?

3. Cuando esperamos que otros suplan nuestras necesidades y nuestros deseos, eso abre la puerta a que el enemigo comience a minar nuestra confianza, dignidad, y auto-respeto. Ignoramos las advertencias y escuchamos las mentiras. Lee Mateo 16:23, Juan 8:44, Mateo 4:3 y Juan 10:10. ¿Qué nos dicen estas escrituras sobre el enemigo?

4. Aquí verá cuatro características que podría tener una persona que lucha con ser dependiente:

    • Busca a personas emocionalmente necesitadas para cuidar.

    • Tiene un sentido de responsabilidad excesivo.

    • Tiene dificultad en decir "No" y/o estableciendo limites.

    • Se culpa a sí mismas y se menosprecian continuamente.

5. ¿Te ves a ti misma(o) en una o más de las características dependientes descritas? Si es así, ¿Qué característica parece tener la mayor influencia en tu vida? Escribe por lo menos tres metas, versículos bíblicos o decisiones que te moverán para ser libre en esas áreas.

CAPÍTULO 5
VIVIENDO CON MÍ MAMÁ

Si confesamos nuestros pecados, el es fiel y justo para perdonar nuestros pecados, y limpiarnos de toda maldad.

1ª Juan 1:9

Yo tenía quince años cuando escogí vivir con mi mamá y mi padrastro. Esto involucró muchos cambios: nueva escuela, nueva vecindad, nuevas expectativas, y nuevas reglas en casa. Aunque me mantenía en contacto con mis viejos amigos y con mi novio, el tener que conducir treinta minutos puso una distancia enorme entre nosotros.

Tan pronto me establecí en casa de mi mamá, sabiendo que yo tenía novio, me preguntó si yo era sexualmente activa. Tenía vergüenza y no me sentí cómoda hablando del tema. A una edad temprana mi mamá me comenzó a dar *pláticas del sexo* e inclusive me ofreció enseñarme fotos de hombres desnudos. Avergonzada, la rechacé. Yo sabía que ella quería que yo fuera abierta y honesta con ella, pero cada vez que ella hablaba de sexo, solo me hacía sentir incomoda. Ella no abordaba el tema como de madre a hija, ni desde una perspectiva educativa. Lo hacía como lo hacen dos amigas platicando sobre el tema. El problema era que ella era mi mamá y no mi amiga. Yo negué ser sexualmente activa y me acostumbré a escuchar sus historias y pensamientos sobre el sexo sin expresar mis propios pensamientos.

Por causa que yo nunca compartía nada durante esas conversaciones, ella se puso sospechosa.

—¿Crees que pudieras estar embarazada? —preguntó.

—No —respondí.

Richard y yo habíamos sido novios por un año antes de irme a vivir con mi mamá, y habíamos empezado a tener relaciones sexuales a solo unos meses de novios. Yo era lo suficientemente insensata e ingenua creyendo que podía tener sexo y no embarazarme. Yo sé que mi mamá quería que yo fuera lo más abierta con ella, como ella lo fue conmigo, pero yo no lograba abrirme. Me sentía culpable.

Con todas las pláticas de sexo y embarazo, comencé a pensar que probablemente necesitaba comenzar a usar algún tipo de anticonceptivo. Una amiga y yo decidimos un día irnos de la escuela temprano e ir a un lugar donde jovencitas podían conseguir anticonceptivos gratuitos y condones. Las dos falsificamos una nota diciendo que teníamos una cita dental y necesitábamos irnos al mediodía. Lo que no sabíamos es que la escuela siempre llamaba a los padres para alertarlos que el estudiante iba camino a casa para su cita.

Fuimos al lugar donde las dos fuimos examinadas y nos dieron píldoras anticonceptivas y condones, y nos dieron instrucciones de regresar para una segunda visita en unas semanas. Regresamos a casa antes de que nuestros padres sospecharan algo – o por lo menos, eso pensábamos. Tan pronto llegué a casa, puse las píldoras anticonceptivas y los condones dentro de un cajón oculto en mi joyero.

Esa noche podía sentir que algo pasaba, pero ni mamá ni mi padrastro dijeron una sola palabra. Aunque todo me parecía inquietantemente tranquilo, tenía la confianza de que me había salido con la mía. Estaba aliviada que no me tendría que exponer a mi mamá y que ahora estaría protegida de cualquier posibilidad de embarazo.

Al siguiente día todos nos despertamos y preparamos para el día como normalmente lo hacíamos. Mi mamá y mi padrastro llevaron a mi hermanita a la guardería, y después se fueron al trabajo. Yo me fui a la escuela y no pensé nada más. Lo que yo no sabía es que después de dejar a mi hermanita, regresaron a casa y revisaron todo lo que había en mi recámara. Aparentemente, aunque la escuela les había llamado enseguida que salí para mi *"cita dental"*, ellos esperaron hasta el día siguiente para esculcar mis cosas. Ellos querían encontrar evidencia antes de confrontarme. Asumieron que yo estaba tomando drogas.

Después de buscar en mi clóset, debajo de mi cama, en mis cajones, y en todos los lugares que podrían ser escondites, encontraron mi joyero.

El joyero tenía una candado pequeño por el frente y una pequeña llave para asegurarlo. Yo siempre mantenía la llave dentro del joyero porque nunca lo aseguraba. Esta vez tampoco lo había asegurado, sin embargo, estaba asegurado. En mi prisa por asegurar mi escondite, debí haber hecho algo que trabó el pestillo. Rompieron el candado y levantaron la tapa de abajo que era mi compartimiento secreto. Allí adentro encontraron mis píldoras anticonceptivas y los condones.

Mientras caminaba a casa de la escuela, me di cuenta que algo estaba pasando. Mi mamá y mi padrastro estaban en casa, lo cual fue extraño para esa hora. Ansiosamente contemplé mis opciones. Si ellos sabían que yo había falsificado una nota, estaba insegura de que castigo me darían. Me imaginé que me dirían que recogiera mis cosas y me regresara a la casa de mi papá. Decidí que lo mejor era simplemente entrar a casa y esperar lo mejor.

—Siéntate —ordenó mi mamá tan pronto entré.

Entonces comenzó por decirme que ella sabía que había falsificado la nota y que había salido de la escuela. Luego exigió saber a dónde me fui y con quien estaba. Me senté llorando por lo que me pareció horas, temiendo decirle la verdad. Solo cuando ella me acusó de usar drogas fue que le dije a donde mi amiga y yo nos habíamos ido. Ella estaba furiosa y dolida que yo le había mentido.

—Te pregunté si estabas teniendo sexo y me dijiste "No" —me acusó ella.

La verdad es que yo no quería que ella supiera mi verdad. Tenía vergüenza. La mayoría de mis amigos íntimos no eran sexualmente activos y los que si lo eran tenían una mala reputación. Yo no quería que nadie pensara mal de mí.

Aunque mi mamá hizo su mayor esfuerzo para hablarme a temprana edad sobre el sexo, a mí me parecía que era malo. Yo me sentía incomoda de hablar tan abiertamente de ese tema con ella. Temía que si ella se enterara de la verdad, quizá ya no me amaría y se lamentaría de haberme dejado ir a vivir con ella.

Tan pronto la verdad salió a la luz, mi mamá insistió que tenía que hacerme un examen ginecológico, que incluía una prueba de embarazo. Unos días después, recibimos una llamada de la oficina del médico. La enfermera pidió hablar conmigo.

—Sheryl —dijo la enferma—. Tú prueba de embarazo salió positivo.

Sentí una extraña combinación de vergüenza y tristeza. Lloré. No quería colgar el teléfono y darles a mamá y a mi padrastro las noticias.

—No hay otra opción —dijo mamá tan pronto le di los resultados de la prueba de embarazo—. Tienes que tener un aborto.

Yo quería tener el bebé, aunque no tenía ni idea de lo que realmente significaba ser mamá. Mamá me dejó en claro que no me ayudarían a mantener ni a criar a un bebé; si yo me quería quedar con él, tendría que regresar a la casa de mi papá. Ella se aseguró que yo entendiera que mi papá estaría muy enojado y decepcionado conmigo. Ella creía que mi papá nunca me apoyaría con mi bebé.

Es posible que los padres de mi novio me hubieran apoyado, pero la novia del hijo mayor de ellos también estaba embarazada. Creo que todos estaban aliviados cuando estuve de acuerdo de tener el aborto. Yo sentí que no tenía otra opción.

Me dieron anestesia para el procedimiento. Lloré mientras me ponían la máscara sobre mi cara. Yo quería gritar, *"¡No!"* pero después de unas respiraciones rápidas, caí en un sueño profundo bajo los efectos de la droga. Desperté con una enfermera parada a mí lado diciéndome que todo salió sin problemas y que yo estaría bien.

Regresamos a casa y las cosas regresaron a la normalidad. Mi mamá y mi padrastro se mantuvieron sospechosos de que yo estaba usando drogas y me dejaron en claro que aunque ellos creían en la libertad sexual, no lo iban a permitir en su casa. Todo sobre este asunto se barrió bajo la alfombra metafórica, y nadie nunca más habló sobre el embarazo ni el aborto.

En ese tiempo yo no sabía mucho sobre el aborto. Mamá y mi padrastro me dijeron que aunque yo estaba embarazada, no era aun un bebé, sino solo una masa de células. Me aseguraron que esta era la mejor decisión. Yo no les creía; no estaba de acuerdo con ellos. Sin embargo, hice lo que se esperaba de mí, no sentía que tenía otra opción.

Esta situación agregó al peso del mi cordón escarlata. Yo sentía vergüenza que le mentí a mi mamá, y más que cualquier otra cosa, sentía profunda culpabilidad por el aborto. Mi novio y yo continuamos la relación, cayendo en un ciclo de codependencia donde éramos y luego no éramos novios. Ahora que ya no vivíamos en la misma ciudad, el tiempo que pasábamos juntos era limitado. Cuando no éramos novios, yo fácilmente recaía en el hábito de buscar relaciones no saludables, y en ocasiones secretas. Yo quería ser alguien más pero no sabía cómo hacerlo. El peso de mi culpabilidad y vergüenza me estaba comenzando a sofocar.

Lo que ahora sé

Una estadística de 1996 indicaba que 1.37 millones de abortos se realizan cada año y que el 43% de las mujeres tendrán un aborto al llegar a la edad de 45 años.

Los efectos del aborto duran toda la vida. Desafortunadamente, el perdón no se convierte en un borrador.

Hay otras alternativas al aborto. Hoy hay muchos recursos disponibles para ayudarte si decides quedarte con tu bebé o si quieres considerar adopción.

Yo sé que mi bebé está en el Cielo. Un bebé abortado no es diferente a un bebé que sufrió aborto espontaneo o que nació muerto. Yo creo que ellos van directamente a los brazos de Jesús. Ahora que he sido perdonada lo sé y lo acepto, pero siempre lamentaré haber tenido un aborto.

Hilos de esperanza

1. El sexo a menudo es un tema incomodo, pero es importante que entendamos el sexo desde la perspectiva de Dios. ¿Qué consideras que son las consecuencias del sexo fuera del matrimonio? ¿Qué trae la pureza sexual a una relación?

2. ¿Has luchado con perdonarte a ti mismo? ¿Has sentido que has cruzado la línea sin retorno? Lee Salmo 103:12, Isaías 44:22, y Efesios 1:7.

3. Escoge una de las escrituras arriba y escríbela en una

tarjeta de índice, y ponla en un lugar donde la veas diariamente para recordarte del amor de Dios, su misericordia, y su perdón.

4. Barrer metafóricamente los problemas debajo de la alfombra y no confrontarlos es un modelo de comportamiento que te impide seguir adelante. ¿Hay una parte de tu vida que repetidamente escondes debajo de la alfombra? ¿Qué estás dispuesta(o) hacer para cambiar ese hábito?

5. El impacto del aborto puede impedir el desarrollo espiritual de una persona por años. Muchos hombres y mujeres andan por la vida con cadenas de culpa y vergüenza debido a sus elecciones y su participación con el aborto. Perdonarse a sí mismos y aceptar el perdón de Dios no es lo mismo que consentir nuestro pecado (sea aborto o cualquier otro pecado pasado o presente). ¿Hay un área de pecado de la cual no te has confesado y arrepentido, que está impidiendo tu desarrollo espiritual? Lee Salmo 32:5 y 1ª Juan 1:9.

CAPÍTULO 6
ACEPTANDO A CRISTO

Que si confesares con tu boca que Jesús es el Señor, y creyeres en tu corazón que Dios le levanto de los muertos, serás salvo.

Romanos 10:9

A menos de un año de vivir con mi mamá y padrastro, ellos decidieron mudarse a otra ciudad a unos treinta minutos de distancia. Esto significaba vivir aun más lejos de mi novio, empezar en una nueva escuela, y hacer nuevos amigos. Ellos querían vivir en un área más cerca a su trabajo y a la guardería de mi hermanita que estaba en una iglesia. Mi hermanita quería ir a la iglesia allí y decidí ir con ella. Cada domingo el pastor manejaba el autobús de la iglesia a diferentes vecindades a recoger a los niños para la escuela dominical. Mamá y mi padrastro no estaban interesados en ir, pero no tenían objeciones en dejarnos asistir. Aunque yo creía que había un Dios, no conocía mucho acerca de la Biblia.

De niña, creciendo en casa de mi papá, hubo un corto tiempo cuando mis hermanos menores y yo íbamos a una iglesia local. La iglesia tenía un autobús que iba a todas las vecindades llenando el autobús con todos los niños que quisieran ir. A mí me gustaba ir pero me sentía fuera de lugar. No estaba familiarizada con las historias de la Biblia, pero me intrigaban. Yo quería entender, pero no tenía la valentía suficiente para hacer preguntas. Parecía que todos los demás niños ya conocían las historias y los versos de la Biblia. Me daba vergüenza y solía quedarme sentada sin hacer ruido, tratando de no atraer atención. Tenía miedo a que me hicieran una pregunta.

Con esta memoria persistente de la iglesia, anhelaba entender la Biblia. La iglesia tenía un grupo pequeño de jóvenes. Me gustaba ir e hice amigos rápidamente. Por primera vez en mi vida, me sentí que estaba empezando a entender el Evangelio. Acepté a Jesús como mi salvador y decidí bautizarme. Mientras tanto, el cordón escarlata se mantenía firmemente envuelto sobre mi cuello como un recordatorio de todas las cosas que hice o no hice. Me sentía que tenía una doble personalidad. Por una parte quería todo lo que Jesús ofrecía – gracia, misericordia, perdón; y por otra guardaba toda mi condenación, mis inseguridades, y mi baja auto-estima. No podía conectar esos dos lados de mi personalidad. Luchaba para permitir que Jesús me aceptara como yo era y como quería ser.

Desarrollé dos núcleos de amigos; los de la iglesia y los que no eran de la iglesia. Los que no eran de la iglesia no tenían idea que yo había aceptado a Cristo como mi salvador ni que me había bautizado. Mis amigos de la iglesia ignoraban enteramente la vida diferente que yo tenía cuando estaba lejos de ellos. Aunque era mentalmente agotador mantener dos diferentes estilos de vida, de cierta manera extraña también me era cómodo. Yo podía ser quien quería ser y quien pensaba que merecía ser al mismo tiempo.

En la iglesia me gustaba estar junto al pastor de jóvenes y su esposa. Yo vi algo en sus vidas, algo entre ellos, que jamás había visto. No podía identificar que era, pero me atraía. Me parecía que había un gozo genuino en sus corazones. Se mostraban un tierno amor y cuidado del uno al otro, vivían lo que predicaban. Tenían un corazón para servir y compartir el Evangelio a todo el que quería escuchar.

Yo amaba escucharlos compartir como se conocieron y

como el pastor de jóvenes cortejó a su esposa. Cuando él le pidió a ella que saliera con él, ella le dijo que iría con él, pero que él tenía que entender que había otro hombre en su vida, un hombre que significaba más para ella que cualquier otra persona en el mundo. Al principio él no entendía, pero luego ella le dijo, *"Su nombre es Jesús."* Desde ese momento en adelante, él quería saber más acerca de Jesús. Él quería saber quién era este hombre, que una jovencita lo haría la prioridad en su vida. El quería la paz y el gozo que llenaba el alma de esa joven. Salieron juntos, estableciendo límites en la relación, y se pusieron de acuerdo de mantenerse vírgenes hasta el matrimonio. Ellos sabían que querían servir en el ministerio y compartir su historia de esperanza a la juventud.

Aunque me gustaba su historia, escucharla me ponía triste. Me di cuenta que yo nunca podría tener lo mismo. Yo ya había cruzado la línea de la pureza, me había embarazado, y había tenido un aborto. Aunque no sentía que yo merecía la esperanza que ellos compartían, anhelaba el amor incondicional que se tenían.

Iba a la iglesia cada domingo por la mañana y miércoles por la noche. Fui en varias excursiones y retiros de fin de semana con el grupo de jóvenes. Vi a Amy Grant en un parque de diversión, y me abrumé al ver tanta gente *perfecta* en su concierto. Estaba segura que nadie allí había transitado por los caminos que yo había andado. Anhelaba cambiar mis hábitos, pero me faltaban las herramientas y el fundamento para cambiar mi comportamiento.

Mi novio y yo nos fuimos distanciando, pues la distancia fue desgastando nuestra relación. Durante mi tercer año de la preparatoria, después de estar juntos por casi dos años y medio, rompimos nuestra relación por última vez. Además, mi mamá y padrastro me dejaron en claro que realmente no lo querían, y eso hizo el vernos aun más difícil.

Yo tenía dos amigas que eran hermanas, que iban a mi preparatoria y a mi iglesia. Ellas tenían un hermano mayor que ya se había graduado. Empezamos a salir y para cuando me di cuenta, la relación se había tornado en una relación sexual. Escondimos ese aspecto de nuestra relación de todos; vivíamos una mentira. Seguimos yendo a la iglesia, pero también continuamos abriendo puertas que Dios había establecido solo para el matrimonio. Esta relación duró menos de un año, pero toda la culpabilidad y la vergüenza de aquello agregaba un mayor peso a mi cordón escarlata, aumentando mis sentimientos de vergüenza e inutilidad.

Yo quería ser fuerte, pero era débil. Deseaba un amor incondicional y la aceptación. Añoraba empezar de nuevo, al igual que el perdón. Era difícil imaginar que Jesús me amaba tanto como la Biblia lo decía. Claro que yo no me perdonaba a mí misma, así es que ¿Cómo podría Dios perdonarme a mí? Al no saber afrontar estas cuestiones, yo continuaba mi vida con modelos de comportamiento no saludables.

Lo que ahora sé

Buscaba una conexión emocional y estaba dispuesta a sacrificar mis necesidades y deseos si pensaba que alguien me amaba.

Tenía una malsana manera de ver las relaciones y establecer límites.

El enemigo es como un león rugiente buscando a quien devorar (de cualquier manera que pueda) 1ª Pedro 5:8.

No existe el cristiano *perfecto*. Jesús no está buscando que tú seas completamente limpia(o) y que soluciones todo antes de acercarte a Él. Él te quiere tal y como eres.

Hilos de esperanza

1. ¿Que consideras que son los límites sanos en las siguientes relaciones: citas de pareja, amistades,

matrimonio, familia y empleado-empleador?

2. El conectarse emocionalmente a alguien requiere que los dos compartan en un nivel profundo, confiando el uno del otro y permitiéndose ser vulnerable. ¿Te sientes emocionalmente conectada(o) a Cristo? Lee Salmo 55:17, Isaías 43:2, y Hebreos 4:12-13.

3. ¿Hay algo en tu vida que impide que otros se acerquen a ti? Lee Gálatas 5:1.

4. Toma la oportunidad esta semana para animar a alguien en su caminar con Dios con la Palabra, un poema, o una palabra de ánimo.

5. El creer que necesitamos ser perfectos y completamente limpios antes de acercarnos al trono de la gracia es una mentira del enemigo. ¿Cuáles otras mentiras nos impiden experimentar una relación de calidad con Dios?

CAPÍTULO 7
Y LUEGO VINO EL MATRIMONIO

El amor es sufrido, es benigno; el amor no tiene envidia, el amor no es jactancioso, no se envanece; no hace nada indebido, no busca lo suyo, no se irrita, no guarda rencor; no se goza de la injusticia, mas se goza de la verdad. Todo lo sufre, todo lo cree, todo lo espera, todo lo soporta.

1ª Corintios 13:4-7

Al comienzo de mi cuarto año de preparatoria no estaba tan activa en la iglesia ni tan involucrada con mis "amigos de la iglesia". Es entonces cuando empecé una relación con un muchacho que conocí en la escuela. Todos lo conocían en la escuela como el fiestero que se juntaba con los chicos populares. Él también tenía la reputación de poseer un mal genio. Aunque él se había graduado el año anterior, yo regularmente lo veía en la escuela. Una noche entró a la tienda donde yo trabajaba. Mientras le ayudaba encontrar un artículo, comenzamos a platicar. Una cosa llevó a la otra y regresó después que salí del trabajo. Me sentía halagada. Él me cortejó y yo respondí.

Pensé que lo podría amar, cuidar y ayudar. Entonces comenzamos a salir de manera regular. Él era encantador y atento y siempre quería estar conmigo y saber lo que estaba haciendo. Me sentía especial porque él quería pasar tiempo conmigo. Solo habíamos sido novios por unos pocos meses cuando en la Navidad del 1983 me pidió que me casara con él.

Mi mamá y padrastro fingieron estar contentos por nosotros

y no expresaron nada sobre el hecho que nos hayamos comprometido a una edad tan joven – yo tenía diecisiete años y el dieciocho. Había una parte de mí que quería que mi mamá y padrastro nos cuestionaran, se involucraran, y nos hicieran preguntas. Pero no había preguntas; solo felicitaciones y pláticas de cuando pensábamos casarnos.

Mi mamá y padrastro habían trazado un plan por si acaso alguien en la familia se encontrara en aprietos o necesitara ayuda inmediata. Ellos crearon una frase código que podíamos usar para avisar a los otros miembros de la familia, *"Te necesito. Algo está mal."* Esta frase podía fácilmente acomodarse en cualquier conversación. No sé desde cuando usaban esta frase ni a quien se le ocurrió. Que yo sepa, soy la única en la familia que la ha usado.

No había pasado mucho tiempo desde mi compromiso cuando necesité usar esa frase código. Al estar en un descanso entre clases, fui a ver a mi prometido al cuarto que él estaba alquilando. Nadie más estaba en casa. Él había estado ebrio la noche anterior, y continuó tomando mientras estaba allí. Aunque muchas veces había estado expuesta a la embriaguez en mi familia, nunca había experimentado el temor que sentí ese día. En medio de su diatriba, me mostró una pistola y me dijo que sabía cómo matar a la gente, incluyéndome a mí, si él quería. Si digo que estaba asustada me quedaría corta. Él no me dejaba regresar a la escuela y quería que yo me quedara allí con él.

No tenía idea si me iba a morir ese día o no; me sentía como una prisionera. En cierto momento llegó el mensajero de UPS a la puerta para dejar un paquete. Yo quería dejarle una nota pero no sabía cómo hacerlo sin que me descubriera.

Mi prometido parecía vacilar entre la ira y las lágrimas. Desató su furia contra todo y contra nada en particular. ¡Se enfureció tanto conmigo que me quitó el anillo de compromiso, me dijo que no lo merecía, y entonces se lo tragó!

Oré que Dios me protegiera y que me ayudara a salir de esto con vida, me sentí congelada en el tiempo. Por más pavor que yo le tenía, también me daba lástima. Era obvio que él estaba luchando con un sin fin de problemas, aunque yo no tenía ni idea de que exactamente eran. Me sentía impotente al querer ayudarlo. Traté de confortarlo y de asegurarle mi amor. Yo quería demostrarle que *si* merecía su amor y su anillo. Él empezó a llorar y decía que él sabía que yo seguramente ya no lo amaba.

Fue una imagen surrealista. Sentía que estaba en un sueño. Yo jamás había estado cerca de alguien que se comportara de esta forma. Sentía una rara combinación de compasión y temor al mismo tiempo. Yo le creí que era capaz de hacer las cosas violentas que él dijo, pero lo amaba y lo quería ayudar.

Luego paró de beber y hasta parecía que se estaba poniendo sobrio. En ese momento supe que era la oportunidad perfecta para escaparme, pero también sabía que necesitaba una buena razón para que él estuviera de acuerdo en dejarme ir.

—Necesito reportarme con mis papás —le dije—. Es la hora de cenar y debo ir a ayudarles, sino se preocuparán por mí.

Mi historia funcionó porque me permitió llamarles. Tan pronto y mi padrastro contestó, usé la palabra código en una frase que sabía que él iba a entender. Cuando confirmó mi uso de la palabra prometió venir por mí inmediatamente. Y así lo hizo.

—Sheryl necesita venir conmigo a la casa ahora. —dijo él al entrar a la casa.

Salí de la casa con mi padrastro y él me siguió en su carro hasta llegar a la casa. Tan pronto y entré a casa me di cuenta que mi mamá había estado bebiendo. Eso era una mala señal. Eso significaba que ella estaba enojada por algo y regularmente tenía que ver con mi padrastro. Era un hábito que aprendí a reconocer después de irme a vivir con ellos. No era algo de todos los días, pero rápidamente aprendí que cuando mamá estaba tomando, era mejor alejarme de ella. Aun cuando su ira estaba dirigida a alguien más, yo nunca quería estar entre ella y la persona con la que estaba enojada.

Corrí a mi cuarto llorando. Tenía miedo. Me sentía sola. No sabía qué hacer. Seguía reproduciendo las imágenes del día en mi cabeza una y otra vez, preguntándome que podría haber hecho diferente. ¿Qué dije para activar esa ira en contra de mi? ¿Merecía su anillo? Las lágrimas que él derramó me hizo sentir que él estaba profundamente arrepentido, y que no había querido decir todo lo que dijo, ni hacer lo que había hecho. Me sentía sola, confundida y…culpable.

A la hora me llamó y me dijo que quería regresarme el anillo (obviamente no se lo había tragado). Me declaró que me amaba y necesitaba mucho y que yo era lo mejor que él tenía en el mundo. Sentía que su arrebato había sido mi culpa, así que estaba ansiosa por regresar junto a él y arreglar la situación.

Tomé valor y bajé las escaleras y le dije a mi mamá, *"Él me llamó y me necesita. Tengo que ir con él para que arreglemos esta situación."*

Ella no me detuvo ni me cuestionó. Me sorprendí que ni mi mamá, ni mi padrastro parecieran preocupados de que yo acababa de usar la frase código, y que ahora regresaba a la persona de la cual yo había necesitado ser rescatada hace menos de una hora. Cuando regresé más tarde esa noche, nadie me hizo preguntas y nada más se dijo acerca del asunto.

Unos meses después mi mamá y padrastro quisieron buscar

un lugar más pequeño y menos costoso donde vivir. Solo me faltaban unos pocos meses para graduarme de la preparatoria. Con la mudanza inminente, y el hecho de que estábamos comprometidos, nos animaron a vivir juntos. Los dos teníamos un poco de aprehensión al principio. La idea de tener nuestro propio departamento nos parecía abrumadora. Finalmente, decidimos hacerlo. No nos pareció un cambio tan grande. Él ya había estado quedándose con nosotros, en ocasiones por semanas, porque no tenía un lugar fijo donde vivir. Después de mi graduación tenía planes de tomar un empleo a tiempo completo, por tanto, pensé que si íbamos a vivir juntos, le ayudaría a mantener el departamento. Yo permití que sus problemas se convirtieran en los míos.

Conseguimos nuestro primer departamento en la primavera del 1984. Las cosas estaban moviéndose rápido; demasiado rápido. Yo no estaba preocupada de lo que mis amigos pensarían de nosotros al vivir juntos. Para este tiempo, la mayoría de mis amistades habían desaparecido lentamente de mi vida diaria. Nuestra relación era tan exclusiva que rara vez tenía tiempo para socializar o estar con mis amigas. A medida que nos acercábamos más, mi mundo se hacía más y más pequeño.

Casi dos meses después de que me mudé a nuestro departamento, mi mamá y mi padrastro mencionaron que se iban a Reno, Nevada. Ofrecieron llevarnos con ellos, inclusive pagarnos todos los gastos, incluyendo la limosina, si decidíamos casarnos ya. Aunque estábamos comprometidos y habíamos hablado de una boda en agosto, no habíamos fijado una fecha ni hecho planes.

Al igual que la mayoría de las chicas, yo siempre había soñado con una boda, y mi papá acompañándome al altar. No pensé que mi sueño se haría realidad. Papá se acercó más a mí un año después que me fui de su casa, pero hice algo que lo hizo enojar y dejó nuevamente de hablarme. Aunque yo quería que él fuese parte de ese día, decidí no decirle nada hasta después.

Yo tenía la esperanza de que el matrimonio mejorara la relación con mi prometido. El hombre que, dentro de poco, seria mi esposo siempre cuestionaba mi amor por él, y era celoso de mis noviazgos anteriores. Yo creía que al declararle mi voto matrimonial comprobaría de una vez por todas, mi amor y lealtad hacia él.

Creo que estábamos viendo el matrimonio como la respuesta a todos los problemas que habíamos tenido; pérdidas, angustias, vacíos, vergüenzas, culpa y desilusiones. Los dos a muy temprana edad habíamos soñado con estar casados, como si eso fuese fuera la vara mágica para la sanidad y la restauración.

Declaramos nuestros votos y nos convertimos en marido y mujer el 27 de mayo del 1984. Unas pocas semanas después me gradué de la preparatoria. Muchos de la escuela, tanto compañeros como maestros, querían saber si yo estaba embarazada. No lo estaba. Pero secretamente deseaba estarlo.

Lo que ahora sé

Las luces rojas (o advertencias) nunca cambian de color.

Yo no soy responsable por las decisiones de otras personas, de su pasado, ni de sus problemas.

Nunca debes de sentir temor en ninguna relación.

No te cases con la esperanza de cambiar a alguien, o comprobar tu amor y lealtad hacia esa persona, o por la presión de las circunstancias o los demás.

Hilos de esperanza

1. Todos, en un tiempo o en otro, hemos ignorando las

luces rojas (o advertencias). ¿Hay algunas luces rojas en tu vida hoy a las cuales has escogido ignorar?

2. Considera como estos versos pueden representar el *no* ignorar las luces rojas en tu vida: Proverbios 27:12, Proverbios 22:24-25 y Proverbios 4:14-15.

3. ¿Cuáles son las diferencias entre el animar a alguien y el asumir la responsabilidad por sus decisiones? ¿Cuál es el consejo que darías a un amigo que veas que está cayendo en un hábito de asumir la responsabilidad por las decisiones de los demás?

4. Si reconoces que existe en ti un temor no saludable en una de tus relaciones, ¿Cuál sería un paso positivo que estés dispuesta(o) a tomar para cambiar esa relación?

5. Como creyentes en Cristo, no estamos sujetos a los pecados generacionales ni maldiciones de nuestros padres o ancestros (ya sean adicciones, abusos o cualquier otro estilo de vida o comportamientos que te perjudican). Tenemos una opción. Somos responsables por nuestro comportamiento y por nuestras decisiones. Lee 2ª Corintios 5:17-21.

CAPÍTULO 8
LA PALIZA

En el día que temo, yo en ti confió. En Dios alabare su palabra; en Dios he confiado; no temeré; ¿Qué puede hacerme el hombre?

Salmo 56:3-4

A solo meses de haber usado la frase código para ser rescatada, me encontré en otra situación de la cual necesité auxilio. Mi esposo y yo fuimos a casa de un amigo a una fiesta. Todos eran mayores de 21 años de edad excepto nosotros dos. Yo no estaba bebiendo. Mi esposo sí, y parecía estar emborrachándose más a cada minuto. Comencé a sentirme ansiosa. Cuando el bebía, yo sabía que había un límite y si él lo cruzaba se pondría irracionalmente enojado y abusivo de manera verbal y física. Yo entendí que no le faltaba mucho para llegar a ese límite.

Algunos de nuestros amigos también notaron que su estado de ánimo había cambiado rápidamente y le convencieron salir fuera para tomar un poco de aire fresco. Caminamos con él e intentamos calmarlo un poco, pero no daba resultado. Entonces empezó a despotricar sobre su padre, que fue un alcohólico y adicto a las drogas, saliendo y entrando de la cárcel gran parte de su vida. Se quejó de su madre, quien había muerto cuando el aun era un niño. Se quejó sobre el abuso que sufrió en las casas de acogimiento público donde había sido puesto hasta que su padre salió de la cárcel.

Entre más vociferaba acerca de su vida, nuestros amigos se retiraban. Una patrulla de policía se acercó adonde estábamos y nos observó. Unos minutos después, se acercó nuevamente. A propósito caminé más despacio hasta que estaba detrás de mi esposo y discretamente le pedí ayuda al oficial.

Me daba vergüenza. Yo sabía que esto probablemente le traería problemas a mi esposo, pero tenía miedo que él se pusiera detrás del volante del automóvil para manejar. ¡Él ya tenía dificultad solo para caminar! Yo no quería manejar porque, según él, yo manejaba demasiado despacio o demasiado rápido, o no cambiaba de carril lo suficientemente rápido, o dejaba que mucha gente me sobrepasara. En una ocasión se enojó tanto conmigo porque bajé el parasol para proteger mis ojos del sol, que fuertemente remetió el parasol en su lugar. Solo pensar en conducir con él a casa causaba que sintiera temor por todo mi cuerpo. La patrulla de policía se detuvo junto a nosotros.

—¿Está todo bien? —preguntó.

Obviamente todo no estaba bien. Mi esposo se puso combativo y enojado. El policía le dio la opción de calmarse o ir a la cárcel, pero mi esposo continuó con sus arrebatos airados, solo que esta vez dirigidos al oficial. Eso fue un error. Lo arrestaron y lo llevaron a la cárcel.

El policía me dio la información que necesitaba para sacarlo de la cárcel. Yo estaba a una hora de casa y tenía miedo ir a la cárcel del condado sola. Nadie en la fiesta se quería involucrar. Me animaron a llamar a alguien más para que me ayudaran. Le llamé a mi mamá y a mi padrastro y ellos fueron por mí.

Decidimos que mi mamá y yo manejaríamos a su casa mientras mi padrastro iba a la cárcel por mi esposo. Después de unas horas ya estábamos todos en casa de mi mamá. Encendimos el carro y mi padrastro nos siguió para asegurarse que el estaba bien para conducir.

Tan pronto y nos subimos al carro, la apariencia de humildad y cansancio de mi esposo se torno a la ira que había tenido más temprano, y veneno salía de él. Mi corazón comenzó a latir rápidamente. Sentía una nausea extrema. Me parecía como si el temor mismo respiraba sobre me.

Intenté hablar con calma. Le aseguré que había llamado a mis padres para sacarlo de la cárcel lo más pronto posible.

—Todo está bien ahora —le dije—. Ya estás en casa.

El estaba furioso con el policía que lo había arrestado. Yo sentía una pequeña sensación de alivio que él no tenía ni idea que fui yo quien señaló al policía. Entre más nos acercábamos a nuestra casa, más enojado se ponía y más ansiosa yo me sentía. En verdad yo temía por mi vida.

Mi padrastro nos había seguido para asegurarse de que llegáramos a nuestro apartamento bien. Yo tenía la plena intención de usar nuestra frasea código de familia para que él me rescatara de esta situación peligrosa. Desafortunadamente, mi padrastro no salió del carro. El solo hizo un gesto de despedida mientras mi esposo sonreía y le gritaba, *"¡Gracias!"*

Entramos al apartamento y fui a encender la luz.

—¡No! —gritó él—. ¡Sin luces!

Me empujó hacia el sofá, puso sus rodillas sobre mis brazos para que no me moviera y me comenzó a dar puñetazos en la cara. Cuando el primer puño pegó, recuerdo mi cabeza arrojándose violentamente al lado. Literalmente vi estrellas.

¡Estaba aterrorizada! Perdí la cuenta del número de veces que me pegó, pero eventualmente la paliza paró. Después pareció entrar en razón y darse cuenta de lo que hacía. Saltó y corrió hacia nuestra recamara llorando y lamentando, *"Le pegué a mi esposa. ¡No puedo creer que acabo de pegarle a mi esposa!"*

UN CORDÓN ESCARLATA DE ESPERANZA

Por más raro que esto suene, yo traté de confortarlo. Fui con él y le dije que todo estaba bien. En vez de mostrar algún remordimiento como yo esperaba, me empujó hacia la cama, se sentó sobre mi pecho y brazos y comenzó a estirar mi cabello y darme bofetadas. Casi no podía respirar. Pensé que me iba a morir. «Dios —oré en silencio—, por favor déjame sobrevivir.» Pero de algún modo, a viva voz logré gritar.

—¡Basta! ¡Basta ya!

Sea en respuesta a mis súplicas o mis oraciones, el salió de su frenesí el tiempo suficiente para levantarse de encima de mí. Cayó al piso al lado de la cama y lloró. Yo lloraba también, pero porque estaba aterrorizada de no sobrevivir para ver la luz de un nuevo día.

Trastabillé hasta el baño y me miré en el espejo. Mi cara estaba golpeada y lastimada, completamente hinchada y ensangrentada. Luego vi su cara en el espejo. El estaba parado detrás de mí.

—Mira lo que te he hecho —lloriqueaba.

Traté de confortarlo de nuevo, diciéndole que lo amaba y que yo estaría bien, pero por dentro yo estaba orando «Señor, por favor, solo deja que él se desmaye para que yo me pueda escapar. Te prometo que te seguiré si solo me permites vivir.»

Estaba confundida y atormentada por el remordimiento. Pensé que quizá me merecía esa paliza. Después de todo, fui yo quien le hizo señales al policía para que viniera. Ni consideré que este incidente fuese culpa de mi esposo; el resultado de las decisiones que él había tomado; que sus problemas eran más grandes que yo y que no tenían nada que ver conmigo.

Poco tiempo después, el se durmió. Yo sabía que necesitaba salir de allí, pero tenía miedo. Si él despertaba y se daba cuenta que yo intentaba huir, yo temía que él me mataría.

De alguna manera me armé de coraje para intentarlo. Me moví lo mas silenciosa posible, y afortunadamente él se quedó dormido. Alcancé a salir, y corrí a la recamara de un vecino y comencé a golpear su ventana. Ellos movieron las cortinas, vieron mi estado de angustia e inmediatamente me dejaron entrar a su departamento. Finalmente me sentí segura, pero de repente todo en mi comenzó a derrumbarse. Comencé a llorar y temblar como si nunca pudiera parar.

Cuando logré recobrar la compostura, llamé a mi mamá y a mi padrastro. Vinieron por mi inmediatamente y a al día siguiente me llevaron con el médico. Un examen completo reveló que no tenía ningún hueso quebrado, pero mi cuerpo estaba hinchado, cubierta de moretones, verdugones, y cortadas. Estaba en mucho dolor. Me sentía como que me habían usado como bolsa de boxeo.

Todo el tiempo que mi mamá me cuidó, atendiendo mis moretones y cortadas, nunca sugirió que yo dejara a mi esposo, no me animó a presentar cargos en su contra, y no sugirió que yo regresara con ellos. Ni aun sugirió que buscara asesoría o ningún otro tipo de ayuda. De hecho, no ofreció ningún tipo de consejo. Asumí que esto era normal en el matrimonio. Era como si ella tuviera miedo de decirme que hacer. Yo sabía que ella me amaba y me quería, pero no me dio ningún tipo de consejo.

Dos días pasaron para cuando llamó mi esposo. Se oía devastado, triste, y deprimido. Él prometió jamás volver a beber alcohol y que iría a un consejero de hombres. Juró que haría lo necesario para que yo volviera a casa. Él me quería en casa de nuevo, me amaba. Pero no me pidió perdón. Jamás tomó responsabilidad sobre por sus acciones, sino que insistía que toda la culpa era de la policía, y eso me hacía sentir culpable.

Yo estaba confundida. Miré al espejo y vi mi cara hinchada y moreteada y pensé en cuanto él me necesitaba. Yo estaba muy consciente de su violencia explosiva, pero también me sentía responsable por él. Nunca considere vivir sola; no me sentía capaz y tenía mucho miedo de intentarlo. No quería vivir con mi mamá y mi padrastro, y aun si quisiera, su apartamento era muy pequeño. No había lugar para mí. Regresar a la casa de mi papá no era una opción. Aunque nos hablábamos de nuevo, su tendencia de beber alcohol estaba empeorando y él y su esposa estaban en proceso de divorcio.

Yo quería creer que mi esposo me amaba y que cambiaría, pero no estaba lista para darle una respuesta inmediata sobre regresar a casa con él. Después de unas horas me llamó de nuevo y me dijo lo quebrantado y deprimido que estaba, y como tenía miedo de vivir mí, y lo desesperado que estaba. Me dijo que había tirado a la basura todo el medicamento que había en la casa porque no se confiaba de no hacer algo drástico si yo decidía no volver a su lado.

Más culpabilidad cayó sobre mis hombros. No solo me sentía responsable por crear esta situación cuando le señalé al policía, sino que ahora me sentía responsable de su seguridad.

Regresé. Yo esperaba y oraba que las cosas se pondrían mejor. De pura curiosidad, revisé todos los medicamentos en casa. Estaban todos exactamente donde habían estado siempre. Él me había mentido, pero no era algo que yo podría usar para mi ventaja. Mis moretones aun no habían sanado, y yo no estaba lista para otra confrontación. Continué en el mismo hábito enfermizo de sentir una combinación de amor y temor por mi esposo.

A su favor debo decir que fue a un consejero de hombres y trabajó con su problema de ira, como también los problemas con su papá. Desafortunadamente, esto no duró mucho tiempo. Paró de ir a sus citas de consejería después de unas pocas semanas. El pensaba que ya estaba mejor y que podía controlar sus emociones.

De mi parte, yo luchaba con mis propias emociones por él. Yo sentía que él tenía una relación de amor-odio conmigo. Habían ocasiones donde el parecía amarme, cuando él era amable y tierno conmigo, cuando él me daba regalos y atención. En otras ocasiones parecía que él me odiaba. Nada de lo que yo hacía lo hacía bien, nada de lo que yo decía le gustaba. Mi ropa se miraba mal, la manera que limpiaba estaba mal, mi peso no era el correcto, aun la manera que comía lo irritaba.

Determiné en mi corazón hacer lo que era necesario para complacerlo y simplemente esperar lo mejor. No sentía que tenía otra opción.

Lo que ahora sé

Nuevamente, yo no soy responsable por las decisiones de otros o sus comportamientos.

Hay muchas luces rojas o advertencias de una relación abusiva. A continuación hay ocho que no deben ser ignoradas:

- Pone presión por una relación rápida y exclusiva
- Celosa(o)/Posesiva(o)
- Culpa a otros por sus problemas o errores
- Hace a otros sentirse responsables de sus sentimientos o decisiones
- Expectativas irreales
- Se enoja fácilmente – te hace sentir como que estás caminado sobre cascaras de huevo
- Tiene un historial de abusar a otros o a animales
- Usa palabras, expresiones faciales, o violencia física para intimidarte

Es importante reconocer que sin terapia intensiva para llegar a la raíz del problema, el abusador continuara abusando. *Nunca* hay razón alguna para abusar a alguien o aceptar comportamientos abusivos.

Si tú o alguien que conoces están en una relación abusiva, es importante buscar ayuda inmediatamente. Hay muchos recursos disponibles, incluyendo la Línea Nacional sobre Violencia Domestica al 1-800-799-7233 o www.espanol.thehotline.org.

Hilos de esperanza

1. La mayoría de las personas que se encuentran en relaciones abusivas o dañinas no reconocen que están en tal relación hasta que salen del mismo. ¿Por qué crees que esto sucede?

2. Lee el Salmo 33:20. Encuentra o dibuja una imagen de algo que representa "Dios es mi escudo" como algo visual que tú puedas *ver* cuando necesites ser recordada(o) de la ayuda de Dios, su poder, y su escudo a tu alrededor.

3. Así como no somos responsables por las decisiones o comportamientos de otros, nadie es responsable de *tus* decisiones o actos. ¿Hay un área en tu vida donde estas poniendo la responsabilidad sobre los demás por tus decisiones o actos?

4. El primer paso hacia la restauración y la libertad es el reconocimiento. El segundo paso es acción. Si tú tienes un hábito de hacer a otros responsables por tus decisiones o tus actos, ¿Qué es una cosa en la cual puedes comenzar a trabajar para tomar responsabilidad por tus decisiones y actos?

5. Lee el Salmo 56:8-11. Dios está atento a todos los aspectos de tu vida. ¿En qué área te sientes que Dios no

está atento en esta etapa de tu vida? Anima a alguien esta semana diciéndoles que Dios *sí* está atento a ellos y es más grande que la situación en la cual se encuentren.

CAPÍTULO 9
SECRETOS

De lo profundo, oh Jehová, a ti clamo. Señor, oye mi voz; estén atentos tus oídos a la voz de mi suplica. Jehová, si mirares a los pecados, ¿Quién, oh Señor, podrá mantenerse? Pero en ti hay perdón, para que seas reverenciado.

Salmo 130:1-4

Poco después de la paliza, me di cuenta de que estaba embarazada por segunda vez. Pero tenía un secreto. Mi esposo no sabía que yo había parado de tomar las pastillas anticonceptivas. Yo quería un bebé y sentía en mi corazón que un bebé ablandaría a mi esposo y que nos haría una familia feliz y completa. Estaba emocionada de darle las noticias. Asumí que él se pondría tan feliz como yo.

Estaba equivocada.

Él no se alegró, ni emocionó, sino que se puso furioso. Me dijo que no estaba preparado para ser padre. No quería cuidar a un bebé a estas alturas de su vida, y me dijo que si yo decidía quedarme con el bebé que me quedaría sola, y con toda certeza eso fue lo que sentí que me quiso decir.

Entonces lloré y le imploré que lo reconsiderara, pero él ya había decidido que no tenía ninguna intención de ser padre. Mi mamá y mi padrastro se unieron a él y me dijeron que tener a mi bebé ni siquiera debería ser una opción.

Mi esposo quería que yo tuviera un aborto y como no mostró interés en ir a la cita conmigo, mi mamá y mi padrastro se ofrecieron para acompañarme. Yo tenía el corazón destrozado. Lloré y le rogué a Dios que me perdonara. No solo estaba perdiendo algo que yo quería, sino que también estaba por abortar a mi segundo bebé. Seguía sintiendo que el aborto era malo, pero nuevamente sentí que no tenía otra opción.

Mientras mi mamá y mi padrastro me llevaron en el automóvil a la cita, me senté en el asiento de atrás y derramé lágrimas de enojo. Estaba enojada con mi esposo y con mi mamá y padrastro por estar de su lado. Yo quería este bebé. Había planes para este bebé. Y ahora, una vez más, me parecía que estaba siendo puesta en una posición de tener que complacer a todos los demás. Mi esposo nunca supo de mi primer aborto y nadie sabía que en esta ocasión yo me había embarazado intencionalmente. Nuevamente volví a tomar una decisión equivocada. Tenía 18 años cuando tuve mi segundo aborto. Eso me hizo sentir culpable y avergonzada. Mi cordón escarlata continuaba haciéndose más fuerte.

Aunque trabajaba a tiempo completo como recepcionista, no me sentía suficientemente segura financiera o emocionalmente como para considerar vivir sola, y mucho menos como madre soltera. Guardé mi secreto, mi vergüenza, y mi dolor en privado. Mi esposo y yo nunca más hablamos del embarazo o del aborto. Tan pronto todo pasó, fue barrido debajo de la alfombra.

Por un tiempo, la vida pasaba lentamente y de manera insignificante. Ya no sufría palizas a manos de mi esposo, por lo menos no tan severas como la primera vez, pero el temor siempre estaba presente. Pero él continuaba con los arranques de ira. Algunas veces esa furia era dirigida hacia mí, otras veces era completamente ajena a mí, pero siempre temía las consecuencias de su ira. A veces me agarraba de las muñecas con fuerza, o me empujaba hacia la pared y ponía su antebrazo sobre mi cuello. En ocasiones me daba con fuerza con la punta del dedo a mi pecho, o me gritaba y maldecía. Si miraba de alguna manera que no le gustaba, me ordenaba, *"¡Cambia esa cara!"* La única emoción que aceptaba de mí era mi amor y devoción. Me sentía como un robot; sin emociones ni sentimientos. Yo intentaba mantener el enfoque en todo lo que podría traer paz a nuestra relación.

Su enojo e intimidación no estaba reservada solo para mí, sino que también él disfrutaba intimidar a los demás. Nunca pensaba dos veces si iba a mentir sin que se jactaba (falsamente) que estaba involucrado en actividades policiales o que tenía "conexiones". Le encantaba acercarse a extraños en la playa a medianoche y tratarlos como si estuvieran violando la ley, y que él estaba allí para hacerla cumplir. Él siempre ganaba. Muy pocas personas lo desafiaban. Él quería poder. Él sabía cómo dominar e intimidar a la gente para que hicieran lo que él quería, o creyeran lo que él quería.

Lo que ahora sé

Los secretos generalmente no son buenos. Si sientes que deliberadamente necesitas ir a espaldas de alguien para conseguir lo que quieres, ora acerca de tus motivos y habla con alguien que te pueda ayudar a resolver esos problemas.

Un bebé no formará un hogar. Hay muchas razones maravillosas para tener un bebé, pero intentar mejorar tu relación, o cambiar tu cónyuge en alguien que no es, no es una de ellas. Si necesitas que ocurran cambios en tu matrimonio, familia, o relaciones, te aconsejo que ores y converses con tu cónyuge y procures una cita de consejería, antes de intentar manipular la situación con un embarazo.

Yo he tenido que perdonarme a mi misma y a todos los involucrados. También he aceptado el perdón de Dios. Pero esto no ocurrió de la noche a la mañana sino que fue un proceso. Me gustaría tener un *borrador de malas decisiones*, pero no lo tengo. Siempre las recordaré y siempre las lamentaré.

Si has tenido un aborto, por favor ten en cuenta que el perdón está disponible para ti. Lee Efesios 1:7 – *"en quien tenemos redención por su sangre, el perdón de pecados según las riquezas de su gracia."*

Hilos de esperanza

1. ¿Cuál es la diferencia entre secretos "buenos" y "malos"?

2. ¿Alguna vez has intencionalmente hecho algo con la esperanza de cambiar a alguien o tratar de controlar una situación tú sola(o)? Si es así, ¿Cual fue el resultado?

3. ¿Cómo puedes empezar a soltar lo que tú crees que es mejor y comenzar a confiar en el plan y el propósito de Dios para tu vida? Lee el Salmo 119:15-16.

4. En ocasiones es más fácil perdonar a otros que a nosotros mismos. Si podemos aceptar que Dios, en su gracia y misericordia nos perdona, es posible empezar el proceso del auto-perdón. Lee el Salmo 103:12, Isaías 44:22, y Efesios 1:7.

5. El arrepentirse es parte de la vida y de crecer. Sin embargo, podemos avanzar a pesar de las cosas que nos lamentamos. ¿Hay algo que lamentas que está impidiendo tu avance?

CAPÍTULO 10
LA ACUSACIÓN

Jehová será refugio del pobre, refugio para el tiempo de angustia. En ti confiaran los que conocen tu nombre, por cuanto tú, oh Jehová, no desamparaste a los que te buscaron.

Salmo 9:9-10

Después del aborto, las cosas parecían calmarse en nuestra relación. Ya hacía tiempo que mi esposo no tomaba y parecía estar tratando de controlar su ira, pero todavía me sentía que caminaba sobre cascaras de huevo. Me esforcé en complacerlo y en evitar hacer cualquier cosa que lo haría enojarse.

Los dos trabajábamos a tiempo completo y tomábamos clases en la universidad comunitaria. Mi esposo se unió a un equipo de softbol de hombres y conoció a un hombre llamado Mark. Rápidamente se hicieron amigos, y eso comenzó una amistad de toda la vida entre mi y Lisa, la esposa de Mark. Mark y Lisa eran recién casados como nosotros. La diferencia fue que ellos eran cristianos.

Cuando nos invitaron ir a la iglesia con ellos, yo me emocioné. Aunque yo había estado orando que Dios abriera una puerta para que fuéramos a la iglesia, yo había mantenido en secreto mi relación con Dios de mi esposo. Nunca hablábamos de religión ni nada espiritual. Yo veía esto como una oportunidad para decirle que yo había aceptado a Cristo cuando iba a la preparatoria. Después de unas pocas semanas de ir a la iglesia "The Home Church" en Campbell, California, mi esposo aceptó a Cristo. Cuando él levantó su mano durante el llamado al altar para aceptar a Cristo, Mark, Lisa y yo lloramos. Inclusive, Mark le dio su Biblia.

Por un tiempo estuvo apasionado por Cristo e íbamos a la iglesia regularmente. Parecía admirado al comprender la realidad de lo que Cristo hizo por él. No mucho después de que mi esposo aceptara a Cristo nos hicimos miembros de la iglesia y dentro de pocos meses de ser miembros, lo nombraron diácono. Nuestra vida estaba mejorando. Sus episodios de ebriedad se hicieron casi inexistentes. Estaba más calmado y parecía tener su temperamento bajo control.

Aun así, no podía dejar de sentir que necesitaba estar alerta todo el tiempo. Yo lo amaba y le temía al mismo tiempo. Mi estomago siempre estaba en un nudo, pero por fuera yo seguía sonriendo, amando, y teniendo esperanza.

Otra cosa positiva que pasó en ese tiempo fue que mi papá me comenzó a hablar de nuevo. Vivíamos a una hora de distancia el uno del otro, y en ocasiones manejábamos para visitarlo a él y a mis hermanos menores. Papá estaba pasando por un tiempo difícil emocionalmente; su mamá había muerto inesperadamente mientras que ella y mi abuelo estaban en otro estado visitando unos familiares en Alabama. Además, papá estaba pasando por un divorcio, y se le hacía difícil criar a mis hermanos menores como papá soltero.

Nos turnábamos para tener a los niños los fines de semana en casa. Mi hermana menor Shelli pasaba mucho más tiempo con nosotros que los demás. Ella y yo teníamos una estrecha relación aunque yo le llevaba siete años. Estábamos planeando llevarla a acampar con nosotros cuando mi papá llamó para decirme que tenía algo muy importante que contarme, pero que no le dijera a mi esposo.

No sabía que esperar. No tenía idea si se trataba de noticias buenas o malas. Al principio pensé que él tendría malas noticias o una enfermedad. Le dije a mi esposo, en parte porque estaba preocupada y no podía contener mi consternación ni mis emociones, pero también porque temía que si salía temprano del trabajo para encontrarme con papá, y mi esposo tratara de comunicarse conmigo al trabajo, y yo no estuviera allí, habrían problemas. Mi esposo estaba preocupado y un poco ansioso, pero también estaba calmado. Salí temprano del trabajo al día siguiente y me encontré con papá y mi hermana en nuestro apartamento.

Todos nos sentamos en el sofá, pero papá se paró y comenzó a caminar de un lugar a otro. Era obvio que él y mi hermana habían estado llorando. Yo sabía que lo que fuera iba a ser malo, pero nada me pudo haber preparado para las noticias que me iban a contar.

Finalmente, papá se sentó de nuevo en el sofá entre mi hermana y yo. Lloró al contarme que mi esposo había estado abusando sexualmente a mi hermana.

Me sobrevino un mareo, como si me fuera a desmayar en cualquier momento. Mi corazón estaba destrozado. Pensé que quizá se me iba a salir el corazón del pecho con tanto golpe. Estaba confundida y tenía miedo.

Papá insistió que yo lo dejara en ese mismo instante. En un estado casi robótico, tomé mi cartera y nos fuimos.

Nadie dijo mucho en el camino a la casa de mi abuelo. Más que nada, lloramos. Me daban asco las cosas que me dijo papá acerca de lo que mi esposo le hizo a mi hermana menor. Me sentía culpable de no proteger a mi hermana. Yo estaba atónita.

Le llamé a mi esposo y le dije lo que me dijo papá. Él rotundamente negó las acusaciones y declaró su inocencia. Él estaba tranquilo e inspiraba confianza. Yo estaba confundida. Yo no pensé que mi hermana mentiría o que se lo estaba inventando, pero a la misma vez, mi esposo estaba firmemente y calmadamente negando las acusaciones.

Yo estaba confundida, verdaderamente no sabía que creer. Me sentí atrapada. Cualquier cosa que decidiera creer iba a herir a alguien a quien amaba y nada volvería a ser igual.

Después de sufrir mucho dolor en mi corazón, tomé la decisión de regresar con mi esposo. Él quería que yo estuviera con él y yo no quería creer que las acusaciones de mi hermana eran ciertas. También sospechaba que yo estaba embarazada – pero esta vez los dos estábamos de acuerdo que había llegado el tiempo de tener una familia. Aun cuando tomé esta decisión, luché con la culpa y la vergüenza. ¿Y qué si en verdad él hizo las cosas de las que mi hermana le acusaba? Pero si yo estaba embarazada y escogía dejarlo, tenía miedo de que me forzaran a tener otro aborto, y esa idea no la podía soportar. La decisión de regresar a casa hizo que el peso de mi cordón escarlata se sintiera más pesado de lo que se había sentido en mucho tiempo.

Papá respondió a mi decisión cortando toda comunicación entre mis hermanos y yo. Él presentó cargos por abuso sexual en contra de mi esposo. Entendía sus motivaciones, pero aun así fue un proceso increíblemente doloroso. Una vez que los cargos fueron presentados, las cosas progresaron rápidamente. Hubo numerosas entrevistas y conversaciones con la policía. Mi esposo me dijo que él tomó y pasó un examen con un detector de mentiras. Yo seguía buscando evidencia irrefutable de su inocencia.

¿Pudo él haber hecho esto? ¿Habría sucedido algo en el pasado que diera algún indicio? Sí hubo un incidente, pero en ese momento tenía mucho miedo para contárselo a alguien. Anteriormente, comenté que no era extraño que yo compartiera la cama con uno de mis hermanos menores. Una noche, cuando mi hermana de 14 años pasó un fin de semana con nosotros, sin considerar la situación la dejé acostarse con nosotros. Fue pura inocencia de mi parte. Pero algo me despertó esa noche y vi a mi esposo extender su brazo por encima de mí para alcanzarla.

—¿Qué estás haciendo? —le pregunté. Él se enojo.

—¡Duérmete otra vez! —me ordeno maldiciéndome.

Esto creó temor en mí porque él no había mostrado este tipo de ira hacia mí por un buen tiempo. Tenía miedo de lo que él me podía hacer, y claro que no quería que dañara a mi hermana. Comencé a cuestionarme de nuevo. «Quizá no vi lo que pensé que vi. Quizá me equivoqué. Pero, si me equivoqué, ¿Por qué se había enojado tanto?»

Me volteé hacia mi hermana, cerré los ojos, pero no dormí el resto de la noche. Cuando la mañana finalmente llegó, nadie dijo ni una sola palabra sobre el tema. Tontamente, nunca le pregunte a mi hermana acerca de esto. Este incidente en particular no estaba en el reporte del policía, pero sirvió para confundirme aun más. Mi esposo continúo manteniendo su inocencia. Mi hermana continuó acusándolo. De alguna manera u otra, yo quería evidencia contundente.

Los meses siguieron pasando sin comunicación con papá ni mis hermanos. Mi madrastra eventualmente me llamó para decirme que papá tomó la decisión de mudarse. Su divorcio había finalizado, y él y mi abuelo querían regresarse a vivir a su *hogar* en Alabama. Dentro de toda esta terrible situación, tuve un momento de esperanza – como había sospechado estaba embarazada y aunque estaba emocionada anhelando ser mamá, emocionalmente fue difícil. Papá ya se había perdido mi boda, y ahora él iba a perderse de estar presente en el nacimiento de mi bebé, su primer nieto.

Las investigaciones en contra de mi esposo llegaron a un alto. No estábamos seguros porque. La policía sencillamente dejó de venir. Mi esposo no preguntó, "¿Por qué?" Él simplemente estaba contento que ya no lo cuestionarían más.

Yo me quedé con mis preguntas en silencio. ¿Las investigaciones se acabaron porque fue encontrado inocente, o solo por falta de evidencia? ¿Terminaron porque papá se fue a vivir a otro estado? ¿Fueron los cargos retirados? ¿Dónde quedaba la verdad? Yo no tenía respuestas, excepto la de seguir avanzando en la vida y echando aun más cosas debajo de mi alfombra.

Pasaron varios meses antes que volviera a ver a mi hermano y mis dos hermanas de nuevo, justo antes de que se mudaran. Yo tenía siete meses de embarazo en ese tiempo. Mi madrastra estaba por casarse de nuevo y había hecho la determinación de hacer las paces entre mi hermana y yo. Organicé una reunión sin que mi papá supiera.

Al llegar al lugar del encuentro vi a mis tres hermanos y sentí un torrente de emociones. Mi hermana y yo nos paramos una frente a la otra, luciendo incomodas y sintiéndolo aun más. Nos abrazamos, y podía sentir el dolor en ella al soltarnos. Luché con mis emociones – culpabilidad, duda, ansiedad, enojo y aun batallaba para vencer mis temores. Mis emociones no estaban dirigidas hacia mi hermana sino a la situación entera.

Yo amaba a mi hermana y sentía que la había traicionado por mis deseos orgullosos. Yo escogí quedarme con mi esposo para intentar alcanzar mi sueño de tener una familia a cuestas suyas. Yo quería creerle a él mientras que él seguía negando las acusaciones. Yo desesperadamente quería este bebé y sentía que la única manera de quedarme con este bebé sería quedándome con él. Mi esposo fue más amable y tierno conmigo desde las acusaciones de mi hermana. Sus arrebatos de ira estaban disminuyendo. Él comenzó a decirme cosas lindas y parecía estar contento de que tendríamos un bebé. Íbamos a la iglesia regularmente y él leía su Biblia y oraba conmigo.

A mi hermana y mi no se nos aconsejó a hablar sobre la

acusación, sino a que hagamos las paces. Parecía que lo habíamos logrado. Pasaron casi 25 años para que habláramos de esto de nuevo, y que le hiciera preguntas directas, para encontrar las respuestas que yo necesitaba y pedirle que me perdonara; para perdonarme a mí misma y para seguir adelante.

Lo que ahora sé

La palabra *abuso sexual* implica molestar, tocar o acosar físicamente a una persona; hacer avances sexuales indecentes; asaltar sexualmente.

Mi respuesta a la situación con mi hermana fue afectada por el trastorno de estrés postraumático; estaba en un estado de lucha, huida o parálisis emocional.

Durante gran parte de mi matrimonio estuve en un estado de parálisis o lucha, aunque mi estado de lucha no era de la manera que la mayoría entendería la palabra. Mi estado de lucha fue intentar mantenerme un paso adelante, protegiéndome a mí misma y a los que estaban cerca de mi – en ocasiones aun protegiendo a mi esposo. Yo respondí de la única manera que sabía en ese momento.

Si tú o alguien que conoces ha sido abusada(o) sexualmente, por favor díselo a un adulto de confianza y llama a la policía local.

Hilos de esperanza

1. ¿Alguna vez has recibido noticias, que no esperabas, que cambiaron tu vida (sean buenas o malas)? ¿De qué manera reaccionaste?

2. Lee el Salmo 34:18-19. Cuando estamos en momentos donde sentimos pérdidas, el corazón destrozado o la angustia, es fácil perder el enfoque y comenzar a sentirnos solos. Durante estos momentos necesitamos permitirnos clamar a Dios y acercarnos más a Él.

3. ¿Hay una situación en tu vida (en el pasado o presente) donde te permitiste "hacer las paces" sin confrontar los detalles?

4. El perdón es poderoso, sea que estas pidiendo perdón, ofreciendo perdón o ser capaz de perdonarte a ti misma(o). Tres verdades importantes acerca del perdón para recordar:

   • El perdón no significa que lo que se hizo o dijo ahora está "bien" o aun aceptable.

   • El perdón no significa que la otra persona tiene que reconocer algo; no se trata de ellos sino de ti.

   • El perdón es un acto *y* un proceso.

5. Cuando escogemos negar que algo ocurrió, o nos rehusamos buscar las respuestas a las preguntas que quizá no queremos saber, abrimos la puerta a que el enemigo nos mantenga en esclavitud a esa situación o persona. Lee 2ª Timoteo 1:7 e Isaías 43:1-2. Permite que estas escrituras te animen la próxima vez que te encuentres queriendo negar, esconder o ignorar una situación que necesita ser reconocida y confrontada.

CAPÍTULO 11
LA FELICIDAD Y LA DISFUNCIÓN

Porque los montes se moverán, y los collados temblaran, pero no se apartara de ti mi misericordia, ni el pacto de mi paz se quebrantara, dijo Jehová, el que tiene misericordia de ti.

Isaías 54:10

¡Octubre de 1988 fue uno de los momentos más especiales de mi vida! Mi hija Lauren nació. Para mí, el ser mamá fue un sueño hecho realidad. Instantáneamente me enamoré de mi dulce bebita. Nunca había conocido el verdadero poder del amor hasta el momento en que la tuve en mis brazos por primera vez y la mire a los ojos. Mi esposo parecía brillar de orgullo y gozo cuando ella nació. El momento que él cortó su cordón umbilical yo vi algo diferente en sus ojos. Él quería ser el padre que él nunca tuvo. Yo rebosaba de alegría con el nacimiento de mi hija, pero a la vez tenía una tristeza profunda en mi corazón. Yo anhelaba tener a papá y a mi familia presentes para que compartieran ese momento conmigo.

Un año después que mi hija nació recibí la llamada por la cual había estado orando. Casi no me podía contener cuando conteste el teléfono y escuché su voz.

—Sheryl, soy tu papá.

Yo extrañaba a papá y mis hermanos. Me enteré que finalmente habían vendido tanto su casa como la de mi abuelo, y eso significaba que pronto se mudarían. Yo quería que él formara parte de mi vida otra vez. Con su llamada, más que nunca, yo estaba ilusionada y dispuesta a esconder todo profundamente debajo de la alfombra para volver a tener a mi papá en mi vida de nuevo. Yo no estaba segura si mi esposo estaría de acuerdo en dejarme ir y despedirme de ellos. Si lo estuvo, pero me dijo que tendría que hacerlo durante la semana cuando él estuviera en el trabajo, esto significaba que tenía que llevarme a Lauren y a la niña de cuatro años a la que yo cuidaba.

Yo estaba emocionada de ver a mi familia de nuevo pero también ansiosa. No estaba segura si papá me trataría de convencer para mudarme a Alabama con él, y sabía que quizá esta sería la última vez que vería a papá, mi abuelo y a mis hermanos porque se mudarían muy lejos. Por supuesto que nosotros no podíamos darnos el lujo de comprar boletos de avión, y aun si pudiéramos, yo no creía que mi esposo estaría dispuesto a dejarme ir con Lauren.

Tan pronto llegamos a casa de mi abuelo, papá y mi abuelo salieron a recibirnos. Yo tomé fotos de Lauren con papá y mi abuelo. Tengo una foto muy especial que mi abuelo tomó de mi papá y yo juntos, sonriendo y abrazados como si nada hubiera pasado.

Nadie dijo ni una sola palabra acerca de mi esposo ni las acusaciones, ni tampoco se habló de que yo me mudara a Alabama con ellos. Conversamos como si los últimos dos años jamás ocurrieron – excepto que nunca mencionamos *su nombre* y esquivábamos hablar de cualquier cosa que tenía que ver con *él*.

Papá generosamente ofreció pagar los pasajes aéreos para mí y para Lauren a fin que vayamos a visitarlos cada verano. Yo estaba emocionada y tenía la esperanza de que mi esposo estuviera de acuerdo con esas visitas – sobre todo porque papá era el que iba a pagar.

Cuando fue el momento de irnos me hice la valiente. Mantuve mis lágrimas bajo control y me rehusaba permitir que se derramaran. Lo pude hacer hasta que giré la llave para que arranque la camioneta. Mis lágrimas se derramaron suave y silenciosamente mientras me quedaba sentada en el asiento del conductor toda la hora de camino a casa. Me obligué a mi misma a parar de llorar mientras tomaba la salida de la autopista que me dirigía a mi casa. Nuevamente enterré mis sentimientos muy adentro.

Las cosas en casa se habían calmado. Teníamos un bebé y habíamos tomado custodia del hermano de 13 años de edad de mi esposo. Él vino a vivir con nosotros justo cuando toda la controversia con mi hermana estaba ocurriendo. Yo estaba contenta que el viniera a vivir con nosotros, no porque pensaba que era para su propio beneficio, pero por razones de seguridad. Yo quería a alguien más en nuestra casa conmigo…por si acaso. Dio la casualidad, como resultado, que fue lo mejor para mi joven cuñado. Él no tenía estabilidad o disciplina mientras vivía con su mamá, y su papá continuaba luchando con drogas y el alcohol. Bajo nuestro cuidado él se mantuvo en la escuela y fuera de peligro.

Mi esposo aprendió a disfrutar la imagen de ser un "buen hombre." Él quería que la gente lo viera como un proveedor, un padre, un buen esposo y aun como cristiano, y trabajaba arduamente para mantener esa imagen. Íbamos a la iglesia como familia cada domingo, él mantenía su temperamento bajo control, y era positivo y alentador – por un tiempo. Pero lentamente, los demonios de su pasado regresaron.

Comencé a notar la misma conducta y hábitos del pasado, se comportaba como si me amara y me odiaba al mismo tiempo. En ocasiones me demostraba su lado tierno, me colmaba de regalos y me decía cuanto me amaba y necesitaba. Era un hombre encantador. En otras ocasiones intencionalmente destruía mi autoconfianza y mi autoestima con comentarios negativos acerca de mi cuerpo, o como hice o no hice algo correctamente o que le agradara. El hecho que mi propia autoestima ya era baja solo facilitaba que yo creyera esos comentarios negativos. Poco a poco él me llenó de dudas, creando una mayor falta de confianza en mí misma. Él me llamaba *Vainilla* – aburrida y predecible, mientras que él era como el helado a sabor *Rocky Road* – espontáneo y aventurero.

Lauren tenía dos años de edad cuando comenzó a desaparecerse por horas. Siempre llegaba a casa con una historia elaborada de cómo rescató a alguien de un carro en llamas o como ayudó a un automovilista extraviado. Jamás vi un informe de noticias ni agradecimientos por estos actos de valentía. Aunque nunca cuestionaba estas historias, tampoco realmente las creía. Otras veces no presentaba excusas y yo no lo presionaba. Sabía que esto era lo mejor. Él había empezado a tomar otra vez.

Su carrera por fin había empezado a despegar, y comenzó a pasar las tardes después del trabajo bebiendo con sus compañeros. Algunas noches no sabía donde estaba hasta después de las dos de la madrugada, no sabía si estaba con sus amigos, saliendo con alguien, o si estaba muerto a la orilla de la carretera.

Cuando llegaba a casa me aliviaba saber que estaba vivo, pero por dentro estaba furiosa que se había pasado toda la noche tomando. Mantuve mi ira embotellada porque él hacia cosas para *recordarme* de lo que era capaz de hacer. Una cierta noche llegó a la casa después de que cerró el bar y aunque estaba despierta me hice la dormida. Lo escuché abrir el cajón de la mesa de noche y sacar algo. Mi respiro se detuvo en mi garganta, porque en ese cajón él mantenía un cuchillo afilado. Por el resto de la noche me quedé pensando en silencio, en lo que él planeaba hacer y como yo pudiera responder.

Cuando se despertó la siguiente mañana, seguía teniendo su mano debajo de la almohada. Sus ojos estaban sanguinolentos y aún podía oler el alcohol en su aliento. Me miró fijamente al sacar el cuchillo debajo de la almohada.

—¿Tú pusiste esto aquí? —preguntó.

¡Yo estaba aterrada!

—No —le respondí lo más calmada posible. De ninguna manera le podría decir que yo sabía que él había tomado el cuchillo. Él pensaba que yo estaba dormida. Yo sentía que mi mejor opción fue fingir ignorancia.

Me acercó el cuchillo a mi cara.

—Esto es peligroso —respiró—. Yo te pudiera haber matado accidentalmente anoche.

Yo estaba muerta de miedo. No sabía si me iba a dar un cuchillazo en la cara o en el pecho.

—Yo no puse allí el cuchillo —de nuevo respondí calmadamente.

Entonces me miró por un momento, se enderezó, devolvió el cuchillo en el cajón de la mesa de noche, se bajó de la cama, se fue al baño y se dio una ducha. Sentí una combinación extraña de pánico absoluto y alivio grato. Estaba sudando profusamente, mi corazón palpitaba fuertemente y tenía nausea en el estomago. Necesitaba yo mantenerme ocupaba así que tendí la cama, jugué con Lauren, e hice cualquier cosa para estar fuera de su alcance.

Después de su ducha, se vistió y desayunó. Pasamos el día como si la confrontación anterior jamás hubiera ocurrido. Mi cordón escarlata continuaba apretándose sobre mi cuello al intentar desesperadamente mantenerme a un paso adelante de mi esposo cada día, hora tras hora, nunca sabiendo que esperar.

Lo que ahora sé

Aunque yo estaba agradecida de reconciliarme con papá y mi familia, fue muy desafortunado que la situación con mi hermana se barriera debajo de la alfombra para nunca sacarla a la luz ni por mi papá ni por mí.

La relación que yo tenía en mi matrimonio no era una relación saludable y amorosa.

La intimidación que mi esposo demostró hacia mi tenía que ver con él y sus problemas, y no tenía nada que ver conmigo. Nunca es apropiado intimidar o acosar a alguien.

Ahora puedo ver como yo era propensa para una relación abusiva. Mi cordón escarlata ya se había formado y luchaba con mis propios problemas de auto valor, autoestima, auto duda, culpa, vergüenza y temor. Los problemas y las luchas que mi esposo tenía, así como lo que yo sentía por mí misma, establecieron el escenario para una relación disfuncional y abusiva.

Estaba teniendo ataques de pánico y ansiedad, pero no me daba cuenta. Emocionalmente, estaba luchando por mi vida.

Hilos de esperanza

1. Aunque la reconciliación es un paso importante hacia la sanidad de una relación fracturada, también se toma valentía para enfrentar los problemas que causaron las rupturas en primer lugar. Lee Zacarías 8:16. ¿Hay alguna situación o relación (en el pasado o presente) donde necesitas volver a enfrentar y hablar con la verdad para traer sanidad?

2. Encuentra dos escrituras que traten acerca del deseo de Dios de que tengamos una relación matrimonial saludable.

3. ¿Alguna vez te has sentido intimidado por alguien que amas? Si es así, ¿Cómo lidiaste con aquello?

4. ¿Qué crees que es la diferencia entre tener un temor saludable versus un temor no saludable en lo que se refiere a relaciones con los demás?

5. Mándale a alguien una nota de ánimo junto con un versículo que trata acerca de la confianza, sabiduría o el poder de Dios.

CAPÍTULO 12
LA INFIDELIDAD

Él sana a los quebrantados de corazón, y venda sus heridas.

Salmo 147:3

Con el regreso de los hábitos anteriores de mi esposo, también regresó su celo intenso, por lo que comenzó el acusarme de mirar a otros hombres o de simplemente pensar en ellos. Llegaba a casa a todas horas del día por una soda o para usar el baño. Él decía que estaba haciendo diligencias del trabajo o que estaba en su hora de almuerzo; pero me parecía que me estaba vigilando.

Yo tenía una guardería para niños, así que siempre estaba en casa con niños a mi alrededor. Si él estaba celoso de mí, yo también sospechaba de él. Su comportamiento se hacía cada vez más discreto. Empecé a encontrar recibos de moteles y fotos de otra mujer – una compañera joven de su trabajo – en su maletín.

Yo estaba devastada. Estaba furiosa, pero no tenía el valor para confrontarlo.

No sabía qué hacer, pero sabía que no podía mantener el disimulo por mucho tiempo. Finalmente se lo confié a mi amiga Lisa. Habíamos sido amigas por algunos años, y aunque nunca le había hablado en confianza anteriormente, ella podía discernir las cosas que me pasaban en lo secreto. Juntas creamos un plan para que yo y Lauren nos fuéramos.

En el día señalado, después de que mi esposo se fuera al trabajo, Lisa vino por mí y por Lauren. Ella nos iba a llevar a casa de sus padres en Hollister, California, a una hora de allí. Curiosamente, recuerdo que se me vino a la mente que no había planchado sus camisas para la semana.

—Necesito planchar sus camisas antes de irme —le dije a Lisa mientras ella me ayudaba a llevar mis maletas al carro.

Solo me dio una mirada.

—No, Sheryl. No le vas a planchar sus camisas. Él puede planchar sus camisas — me dijo.

Ella estaba en lo correcto. Dejé las camisas arrugadas sobre la secadora.

Luché con dejar a mi joven cuñado, pero no me parecía bien llevármelo conmigo. Él tenía un trabajo, una novia estable, y estaba por terminar la preparatoria. Y él quería quedarse y casi nunca estaba en casa, y cuando lo estaba, dormía o estaba por salir. Yo pensé que él podía cuidarse solo.

Aunque la infidelidad de mi esposo me destrozó, muy adentro mío yo tenía la esperanza que este evento finalmente me condujera a mi libertad. Yo no quería ser la que presentaba la demanda de divorcio. Yo tenía miedo de lo que él me haría si pensaba que el divorcio fue idea mía. Él tendría que pedirlo. Si nuestro matrimonio estaba por terminar, yo necesitaba que fuera *su* decisión.

Yo luché con culpa por dejarlo sin decirle donde estábamos Lauren y yo, pero no pensaba que lo pudiera confrontar acerca de su infidelidad y mantenerme a salvo si él supiera donde yo estaba. Pensé que esto le daría un poco de espacio que necesitaba para planear el divorcio.

Esperé cinco días antes de llamarle. Al principio se oía aliviado de oír de mí, pero su alivio rápidamente se torno en ira.

—Nunca me quites a mi hija de esta forma otra vez —dijo

furioso—. De verdad, ¡lo digo en serio!

Yo le creí. El temor volvió a aparecer, forzándome a cuestionar mis acciones y mis motivos. Las preguntas internas bombardearon mi mente. ¿Había hecho lo correcto? ¿Quizá no debí haberme ido? ¿Quizá no debí haberle dicho que sabía de su infidelidad? Hubo un breve silencio entre nosotros y después empecé a llorar.

Él confesó su infidelidad y me dijo que estaba arrepentido y que había terminado su relación con su compañera de trabajo y quería que regresara con él; que extrañaba a su familia.

Yo me sentía atrapada, como si no tuviera otra opción más que perdonar y regresar a casa. Tenía miedo de que si no regresaba, él encontraría la manera de quitarme a mi hija. Pensé que la mejor manera de protegerla era empacar nuestras cosas y regresar a casa.

Él me dijo que quería seguir casado y yo me sentí con la obligación de regresar y seguir en mi matrimonio. Pero algo profundo en mi corazón había cambiado hacia él. El amor que yo tenía por él había disminuido con cada mentira, el recibo del motel y foto que vi. No estaba segura qué tanto amor me quedaba por él.

Lo que ahora sé

La infidelidad no fue mi culpa. Yo no soy responsable por las decisiones de los demás.

La infidelidad me sorprendió, pero descubrirla me ayudó a ponerle un alto a mi actitud de proteger a mi esposo, y enfrentar la realidad de quien él era y el tipo de matrimonio que teníamos.

Estaba empezando a tener la valentía de ver la verdad, aunque todavía le tenía miedo.

Todavía estaba respondiendo a un estado de lucha, huida o parálisis con mi TEPT (Trastorno por Estrés Postraumático).

Hilos de esperanza

1. Lee Proverbios 2. ¿Cuál(es) verso(s) te inspira(n) más y por qué?
2. Lee 2ª Samuel 11 y 12.
3. ¿Qué puedes ver como una luz roja o advertencia en el comportamiento de David y por qué?
4. La tentación suele venir cuando pensamos que podemos lidiar con algo solos, o cuando dejamos de revestirnos con la armadura espiritual. Piensa en un momento cuando te *sentiste* más fuerte de lo que estabas espiritualmente y caíste en la tentación.
5. Encuentra un verso que trate acerca de la gracia redentora de Dios, su amor eterno y la magnitud de su perdón. Escríbela en una tarjeta de índice y pégala en algún lugar donde la puedas ver.

CAPÍTULO 13
MI MAMÁ

Esforzaos y cobrad animo; no temáis, ni tengáis miedo de ellos, porque Jehová tu Dios es el que va contigo; no te dejara, ni te desamparara.

Deuteronomio 31:6

A lo largo de mi matrimonio, hubo momentos que mi mamá tuvo algo que yo llamo *arranques alcohólicos*. Ella no bebía todos los días pero cuando lo hacia se convertía argumentativa y airada, y eso normalmente escalaba hasta que hubiera algún tipo de arranque.

Después de casarme, ella desarrolló el hábito de emborracharse, pelear con mi padrastro, y después llamarme a mí y a mi esposo para que la fuéramos a buscar. La traíamos a nuestra casa y ella se quedaba hasta desembriagarse y querer regresar a su casa. La escuchábamos mientras ella se quejaba sin fin de mi padrastro. Nunca hizo una alegación especifica, pero siempre aludía a…algo. De alguna manera extraña, esto parecía entretener a mi esposo. Él disfrutaba este baile con mi mamá, como si todo fuera un gran juego para él, tratando de descifrar lo que ella estaba escondiendo o tratando de decir. Nunca lo pudimos averiguar.

Ya sobria, la llevábamos a su casa o mi padrastro pasaba a buscarla. Al día siguiente había otra llamada, una disculpa, y una promesa de no tener más bebidas alcohólicas en casa. Yo sabía que ella lo hacía con sinceridad – por lo menos por un tiempo. Después de la disculpa y la promesa, no hablábamos más de ello. Esto se convirtió en un ciclo vicioso por años. No había razón o explicación a su comportamiento – por lo menos ninguna que yo conociera – y ella nunca buscó ayuda profesional.

Uno de estos episodios de arranques alcohólicos que ella tenía me permitió ver la disfunción de este hábito. Durante esta llamada, ella parecía más agitada de lo normal y mucho más intoxicada. Me dijo que tenía algo que contarme, algo muy serio, algo muy malo. Me apresuré para ir por ella y traerla a casa. Durante la siguiente media hora hice todo lo que se me ocurría hacer para convencerla en contarme lo que la tenía tan nerviosa.

—¡Tu padrastro está planeando matar a la familia! — finalmente espetó.

Me reí a carcajadas. Pensé que seguramente estaba bromeando. Pero siguió dando detalles gráficos de su plan, y me di cuenta que hablaba en serio. Y aunque no creía que mi padrastro haría las cosas que ella describió, ella estaba convencida de sus intenciones y quería escapar a un motel local. Estando allí, quiso beber más. Cuando me rehusé a comprarle más bebidas alcohólicas, decidió que quería regresar a su casa. Me negué en llevarla y ella me confesó que mi padrastro realmente no tenía un plan para matarnos. Terminamos teniendo una discusión intensa.

Como me rehusé a comprarle más bebidas alcohólicas o llevarla a su casa, ella llamó a un taxi y salió del motel. La miré desde la ventana mientras caminaba de un lado a otro en la acera, fumando cigarrillo tras cigarrillo hasta que llegó el taxi.

Al día siguiente me volvió a llamar con la misma canción, pero esta vez la segunda estrofa. Lo sentía mucho. Ya no habría bebidas alcohólicas en casa. Todo regreso a la normalidad. No volvimos a hablar del tema otra vez.

Después de años de entrenamiento, todos éramos expertos

en barrer las cosas debajo de la alfombra y nunca lidiar con directamente con los problemas.

Lo que ahora sé

Mi mamá tuvo una niñez traumática. Su madre fue alcohólica y su padrastro estaba en el ejército y pocas veces estaba en casa. Ella jamás conoció a su papá biológico. Ella fue descuidada y emocionalmente (y quizá físicamente) abusada de niña. Ella fue una de seis hijos en una familia disfuncional.

El consumo excesivo de alcohol es una forma de alcoholismo.

Los alcohólicos son inestables, de manera que esperar tener una relación con alguien que lucha con esto es desafiante.

Hay tratamiento para el alcoholismo, sin embargo, el *comportamiento* alcohólico es una decisión.

Hilos de esperanza

1. ¿Has creado un hábito de intentar *rescatar* a personas de sus decisiones?
2. ¿Cuáles crees que son limites sanos que debes tener con un ser querido que lucha con una adicción?
3. Lee el Salmo 147:3-5. Escríbelo en una tarjeta de índice y pégala en algún lugar donde te hará recordarlo diariamente.
4. ¿Qué consejo le darías a un amigo que está luchando con un padre que tiene una adicción?
5. Lee el Salmo 62:5-8. ¿Cómo puedes empezar a hacer que estos versos sean parte de tu vida diaria?

CAPÍTULO 14
DIVORCIO

Porque yo Jehová soy tu Dios, quien te sostiene de tu mano derecha, y te dice: No temas, yo te ayudo.

Isaías 41:13

Tratando de equilibrar mi relación con mamá y mi matrimonio, traté de mantener la frente en alto y seguir adelante. Para este tiempo, mi esposo y yo dejamos de ir regularmente a la iglesia. Yo continúe orando a solas, pero mi relación con Cristo fue basada más en temor y en buscar protección que en la relación que Dios sinceramente desea tener con nosotros.

Mi esposo había confesado su infidelidad y me dijo que quería seguir casado y resolver las cosas. Dieciocho meses después su segunda infidelidad terminó con nuestro matrimonio. Irónicamente, mi hija Lauren tenía casi cinco años de edad – la misma edad que yo tenía cuando mis padres se divorciaron.

Todo se desarrolló en el verano del 1991. Lauren y yo regresamos de visitar a mi papá en Alabama por una semana. Mi esposo siempre me apoyaba y me animaba a ir cada verano. Nunca hablábamos de lo que él hacia mientras yo estaba fuera, y él nunca me preguntaba acerca de mi visita. Pero al regresar de este viaje en particular algo había cambiado. No pude señalar que era, pero…algo había pasado.

Los últimos meses antes del viaje las cosas no estaban bien, pero me resigné a pensar que las cosas simplemente eran así.

Días después de que regresáramos, mi esposo me sentó en la habitación para platicar.

Me dijo que no quería que nuestro matrimonio terminara de modo negativo con su infidelidad, pero que no estaba contento con la vida que llevábamos. Él quería el divorcio, pero quería que sigamos como amigos.

Yo me quedé impactada y en silencio; estupefacta.

Tenía miedo, estaba enojada, triste y aliviada al mismo tiempo. Pensé que era extraño que mi esposo no quisiera que nuestro matrimonio terminara por causa de él o sus actos. Pero fue el hecho de que tomaba alcohol, su abuso, sus infidelidades extramatrimoniales que nos trajo a este precipicio. ¿Estaba él inconsciente de todo lo que él había estado haciendo desde que fuimos novios?

Después me di cuenta que había otra mujer mucho más joven del trabajo con la que se involucró. Según él, no habían tenido intimidad, pero era obvio que ya estaba listo para cruzar esa línea. Y aunque quizá no había tenido relaciones sexuales con ella, pero estaba siendo infiel emocionalmente y contando los días hasta para comportarse como un "*hombre libre.*"

Sentí que se me fortaleció la columna vertebral.

—Si tú sigues este camino, es un camino sin retorno —le declaré.

Yo quería dejar en claro que esta decisión era su elección, y una vez tomada no había vuelta atrás. Yo me determiné a mantenerme firme en este punto. Sabía que si le permitía regresar a mi vida jamás podría avanzar.

Él estuvo de acuerdo.

Yo estaba lista para enfrentar la vida a solas con Lauren. Él me ofreció la custodia de nuestra hija, siempre y cuando él tuviera derechos de custodia compartida. Yo estuve de acuerdo. Él ofreció proveer dinero suficiente para que yo y Lauren nos quedáramos en la casa que estábamos alquilando. Él se mudaría a un apartamento cerca.

Parecía estar excepcionalmente calmado. No demostraba ni una señal de ira en su voz ni en su comportamiento. No estaba segura si tomó en serio mi insistencia de que no tendría una relación de ida y vuelta. Yo tenía miedo que él se aburriera de su *otra mujer* y quisiera regresar a la casa conmigo. Si eso pasaba, y yo abría la puerta para que él vaya y venga como bien le parecía, sabía que siempre estaría a su entera disposición. Yo quería seguir adelante, pero me dolía por mi hija. Yo sabía por experiencia propia lo difícil que es el divorcio para los hijos.

El día que él se mudó yo estaba llena de emociones mixtas. Él era amable y considerado. Aun insinuó la posibilidad de *una última vez* juntos. Me dio pánico solo en pensarlo. Si yo lo rechazaba, tenía miedo que él se volviera a enojar y posiblemente fuera abusivo. Pero si yo lo permitía, temía abrir la puerta para continuar la relación. Menos mal que él percibió mi vacilación. Él me dijo que podía ver que eso probablemente sería demasiado emocional para mí, lo cual rápidamente afirmé y le agradecí por comprenderlo.

Después que se fue con sus últimas pertenencias, me acosté en el piso y lloré por horas. Mis lágrimas estaban llenas de ira, resentimiento, alivio, angustia, paz y muchas preguntas, algunas de las cuales obtendría respuesta al día siguiente y otras que jamás conocería.

El matrimonio debe ser basado en confianza, honestidad, y comunicación abierta. Nosotros no teníamos nada de eso. A mí no se me permitía abrir nada del correo al menos que era una carta dirigida a mí. A él no le gustaba que yo estuviera cuando él estaba pagando las cuentas y nunca hablábamos de finanzas. Seis meses antes de pedirme el divorcio, él me llevó al banco y abrió una cuenta de cheques a mi nombre. Él dijo que quería que yo aprendiera a balancear una chequera y que tuviera dinero para gastar – pero él quería saber en que estaba gastando ese dinero. Me ordenó que dejara la chequera donde él tendría acceso a ella.

Yo creo que él sabía en ese entonces que estaba buscando el divorcio. De alguna manera retorcida, él se sentía obligado a tratar de ayudarme a valerme por mi misma. Él sabía que yo no tenía ninguna experiencia con una chequera o con pagar las cuentas. Yo tenía 27 años de edad, y esta era la primera vez que yo tenía mi propia chequera.

Siempre me preguntaba por qué él parecía ser sensitivo y sigiloso de la chequera y las cuentas, pero yo sabía que era mejor no hacer preguntas. Tan pronto él se fue yo abrí algunas de las cuentas. ¡Descubrí que había acumulado casi $30,000 en deudas con las tarjetas de crédito, y varias de las tarjetas estaban a mi nombre! Para mi sorpresa, él asumió la responsabilidad financiera por todas las tarjetas menos una, que tenía una deuda de varios miles de dólares.

Sentí una gran mezcla de emociones. Había momentos cuando sentía que tenía la fuerza para enfrentar al mundo, y había otros momentos cuando decaía bajo extrema angustia y dolor. Yo quería estar lejos de él. Pero esta era la única vida que yo conocía. Luché con la idea de ser una mujer divorciada. Yo sabía que Dios odiaba el divorcio. Esto solo agregaba a mi cordón escarlata.

Cuando le conté a mi papá que me estaba divorciando, él se alegró.

—Ya era tiempo —declaró.

Eso fue todo. Aun no hablábamos de él, de la acusación de mi hermana o de nada relacionado al que pronto sería mi ex marido. Mamá y mi padrastro querían apoyarme, e hicieron todo cuanto pudieron. Me parecía extraño que ahora me decían que nunca lo quisieron y que desconfiaban de él. Mamá me dijo que después de la primera paliza, siempre estaban buscando nuevos moretones en mi cuerpo, pero nunca me preguntaban cómo iba la vida. Y si ellos estaban buscando ese tipo de moretones y lesiones de la paliza severa de esos años pasados, esas marcas no estaban presentes. Él era más cuidadoso de las marcas que me dejaba en el presente.

La mayoría de las marcas, aparte de las que ocasionalmente dejaba en mis muñecas o brazos, nadie podría percibirlas a simple vista. Me preguntaba si mamá y mi padrastro hubieran hecho o dicho algo si sospechaban abuso. ¿Acaso fui tan buena actriz que lo pude disimular tan bien? ¿O estaban acostumbrados a pasar las cosas por alto?

Lo que ahora sé

Todas las emociones con las que yo luchaba eran normales. El divorcio es difícil no importa la condición del matrimonio.

Tan pronto mi esposo abrió la puerta al divorcio, yo respondí con el estado de huida de mi TEPT. Esto me dio la valentía que necesitaba para seguir adelante sin él.

Aunque la Biblia es clara que Dios odia el divorcio, Malaquías 2:16a dice: *"Porque Jehová Dios de Israel ha dicho que él aborrece el repudio,"* también deja claro que la razón que él odia el divorcio es porque eso quiebra el pacto (promesa) que se hizo en el momento del matrimonio entre dos personas. El divorcio abre la puerta a casarse de nuevo, que en si no es pecado, pero sí viola el modelo que Dios estableció cuando Él creó una esposa para Adán en el principio de la creación.

La Biblia nos dice que hay perdón: Hechos 13:38-39, *"Sabed, pues, esto varones hermanos: que por medio de él se os anuncia perdón de pecados, y que de todo aquello de que por la ley Moisés no pudisteis ser justificados, en él es justificado todo aquel que cree."*

Hilos de esperanza

1. ¿Cuáles son las tres cualidades más importantes que tú tienes, quieres o necesitas en una relación matrimonial?

2. Lee Isaías 58:11 y considera como el Señor ha cumplido tus deseos en los lugares áridos de tu pasado.

3. Lee Isaías 43:18-19 y has algo deliberado para vivir conforme esta escritura.

4. ¿Hay un área de tu vida en la que careces entendimiento que te hace dependiente de alguien más (p. ej. finanzas, hacer decisiones, auto control, una habilidad, etc.). En oración medita en todas las oportunidades que tienes al alcance, para madurar en esta área. Lee Santiago 1:5.

5. ¿Cuáles son algunas maneras que tu animarías a alguien a quien sospechas que está en una relación abusiva?

CAPÍTULO 15
MAMÁ SOLTERA

Cercano esta Jehová a los quebrantados de corazón; y salva a los contritos de espíritu. Muchas son las aflicciones del justo, pero de todas ellas le librara Jehová.

Salmo 34:18-19

Ahora que estaba viviendo sola me sentí abrumada pero sabía que no podía descansar y que tenía que ser fuerte por mi hija. De ninguna manera estaba preparada para ser independiente. No sabía nada de como hacer presupuestos, sobre tarjetas de crédito, cargos por financiamiento o realizar pagos de cuentas; era un desastre emocional colmada de culpabilidad de no poder hacer que mi matrimonio funcione. Habían preguntas que constantemente asediaban mis pensamientos. ¿Hice lo suficiente? ¿Me rendí demasiado temprano? ¿Pude haber sido una mejor esposa? ¿Cómo le afectará esta decisión a Lauren? ¿Será que el divorcio verdaderamente me iba a librar de su ira y de sentir que estoy caminando sobre cascaras de huevo en su presencia? ¿Será que era capaz de vivir sola?

Yo estaba enojada con Dios. Después de todo, ¿No había yo aguantado lo suficiente con mi esposo? ¿No debería Dios haber bendecido el matrimonio por causa de mí? ¿Por qué no estrechó Él su mano obligando a mi esposo a sentir algo diferente por mí? ¿Por qué no quitó de mi esposo la ira y el dolor? Yo había seguido todas las reglas, había hecho todo lo que podía para complacerlo: mantenía su casa limpia, planchaba sus camisas, preparaba su cena a tiempo, hacía las cosas que él quería y esperaba…y yo recibía toda la basura que él me propinaba. Él debería haberme amado. Nuestro matrimonio debería haber sido suficiente. Pero eso no fue lo que pasó.

Yo no quería que mis luchas emocionales impactaran negativamente a mi hija y quería hacer lo que de mi dependía para que este cambio fuera lo más fácil posible para Lauren, incluyendo que debía ser amable con su papá por causa suya. Eso significaba incluirlo en ciertas actividades y decisiones.

De ninguna manera quería confrontarlo en cosas que podrían provocar una respuesta airosa, pero ya había llegado a mi límite con su intimidación. Determiné que si él volvía a tocarme físicamente de manera abusiva, me defendería y lo resistiría con fuerza. Nunca tuve que ejercer mi decisión porque jamás volvió a tocarme, pero nunca me olvidé de lo que él era capaz de hacer.

Ahora que mi hija era una niña de divorcio, yo quería evitarle pasar algunas cosas que yo había experimentado. Tenía cuidado de cómo le hablaba sobre su papá en frente de ella y de otros. En público yo concordaba con su lado de la historia: *nos amamos pero porque éramos opuestos el uno del otro, ya no queríamos estar casados; sin embargo, somos buenos amigos.* Era una mentira, y yo odiaba hacerlo, pero quería evitarle a Lauren el caos que yo pasé de niña.

Aunque él se había ido a vivir a su propio apartamento, no pensaba dos veces en abrir mi correo, una alacena o atisbar uno de mis armarios. Emocionalmente vivía como si él todavía vivía en la casa. Después descubrí que mujeres en relaciones abusivas funcionan diferentes que mujeres en un matrimonio amoroso y de confianza. Después que nos divorciamos, todavía me encontraba alerta, siempre preparada. ¿Para qué? No sabría decirte.

Si leyeras los diarios personales que mantuve desde el principio de mi embarazo con Lauren hasta nuestra última separación, pensarías que nuestra vida juntos era buena. La verdad es, aun en ese entonces yo sabía que él no tenía ningún problema en leer mis diarios privados y mi correspondencia. Yo tenía que cuidarme de todo lo que veía, decía, hacía o escribía.

Por encima de todo eso tenía la sensación agobiante de la soledad, especialmente en esas noches cuando Lauren estaba con su papá. Ella lo visitaba para cenar una vez a la semana y pasaba cada dos fines de semana con él. Yo nunca había estado separada de ella jamás.

Unos meses después que quedé soltera, me comencé a rebelar y volví a introducirme fácilmente a la costumbre que tenía de buscar relaciones no saludables, superficiales, sin amor, ni provistas de seguridad alguna. La mayoría de ellas fueron de corta duración y malsanas.

Una tal relación duro casi nueve meses, pero estaba destinada a fracasar desde el principio. El hombre estaba divorciado y tenía cuatro hijos. Él me animaba y se preocupaba sinceramente por mi. Por un tiempo llenó el vacío de mi corazón, pero era un alcohólico. No era abusivo, pero al final su alcoholismo y su inhabilidad de mantener un trabajo fijo me demostró lo suficiente.

Me encontré preguntándome, «¿Por qué me case con mi exmarido y por qué me sentía de la manera que me sentía de nuestra relación?» Yo no quería repetir los últimos nueve años, así que me alejé de las personalidades dominantes y controladoras. Pero aun así, no estaba haciendo decisiones sabias con los hombres que salía. Yo necesitaba ayuda para aclarar todas las preguntas que llenaban mi mente y mi corazón, necesitaba un consejero, alguien sabio y perspicaz quien me pudiera ayudar a procesar mis experiencias y animarme a seguir adelante.

Decidí regresar a la iglesia que mi esposo y yo primero

asistimos cuando aceptamos a Cristo. Ellos me ofrecieron consejería gratuita, y como no tenía seguro médico y mis finanzas eran escazas, esto me parecía una buena opción. Hice una cita y me emparejaron con una mujer de edad en mi iglesia. Yo anticipaba ser abierta y honesta con alguien que me pudiera ayudar a hacer más liviana la carga de mi cordón escarlata.

Al desenredar mi historia y mis sentimientos, pude notar que ella no entendía muy bien lo que estaba pasando dentro de mí. Ella se sentó y me escuchó, y al final de nuestras sesiones ella oraba por mí. Fui dos veces en total. Aunque ella era buena para escuchar y sinceramente oraba por mí, no tenía consejos, sabiduría, ni ánimos que darme. Todavía me sentía sola y avergonzada.

Pensé que era mejor continuar cargando con todo por dentro. Después de todo, ya me había acostumbrado a hacerlo.

Lo que ahora sé

Yo me sentía como una fracasada y aunque había intentado con todo mi corazón de amar y servir a mi esposo, esto no fue suficiente. Sentí que desilusioné a mi hija. Yo no quería que ella lidiara con los mismos problemas que yo cuando era niña de padres divorciados.

Ahora reconozco que no fui un fracaso. Yo no fracasé el matrimonio ni a mi hija.

Lo que necesitaba era una consejería profesional; la consejería que recibí en ese tiempo fue de una voluntaria entrenada por la iglesia. Y aunque siento que este tipo de consejería puede servir un propósito en la iglesia, yo necesitaba un profesional que estuviera preparado para ayudarme a identificar las áreas en mi vida y a ayudarme a procesar el divorcio y las vivencias de mi pasado.

Todavía estaba buscando que alguien llene mis necesidades emocionales.

Por causa de que estaba llena de culpa y de vergüenza, continuaba conformándome con algo inferior de lo mejor que Dios tenía para mí.

Durante esta temporada de mi vida hay otras cosas que he lamentado y decisiones que hice con las que he tenido que luchar. Aunque el perdón no borra las vivencias pasadas, finalmente me he podido perdonar a mi misma y aceptar el perdón de Dios.

Hilos de esperanza

1. ¿Hay algún tiempo cuando *sentiste* que hiciste las *cosas correctas* y aun así no resultaron como tú querías? ¿Cómo reaccionaste a la desilusión?

2. Lee Hebreos 12:1-2. ¿Qué puedes escoger hacer diferente esta semana para vivir lo que enseñan estos versículos?

3. ¿Hay alguna habilidad, concepto o sabiduría que te hubiera gustado aprender de niña(o) o de joven que no te enseñaron?

4. ¿Qué consejo le darías a alguien que está luchando con el estar enojada(o) con Dios por el resultado de una decisión que ellos mismos hicieron?

5. ¿Te has permitido conformar con algo inferior a lo que Dios tiene para ti? Si es así, ¿Qué pasos puedes tomar para asegurarte que no pasará de nuevo?

CAPÍTULO 16
CONOCIENDO A DOUG DE LA SELVA

Pero sed hacedores de la palabra, y no tan solamente oidores, engañándoos a vosotros mismos.
Santiago 1:22

Después de luchar por casi dos años como mujer divorciada y mamá soltera, empezaba a acostumbrarme a quien yo era. Probé cosas nuevas. Comí las cosas que quería solo porque lo quería hacer – no porque otro pensaba que debiera hacerlo. Vi películas, leí libros, pinté y escuché música que nunca había escuchado antes. Experimenté con mi libertad.

Comencé a escuchar una estación de radio de música "country" y descubrí que disfrutaba el programa matutino con Gary Scott Thomas y Doug de la Selva. Me gustaba la voz de Doug desde el principio. Se oía como un hombre genuinamente bueno en la radio y tenía un buen sentido del humor y me hacía reír.

Me mudé de la casa anterior que había compartido con mi exmarido en Santa Clara, California, a un departamento de dos recamaras en Sunnyvale. Por un tiempo salí con un hombre que era piloto de helicópteros, pero no pasó mucho tiempo cuando me di cuenta de que el *hombre de helicópteros* y yo estábamos en dos caminos muy distintos. Teníamos opiniones muy diferentes en los temas más importantes de la vida, una de ellas siendo la religión. Él era ateo, y aunque yo no estaba involucrada en la iglesia en ese tiempo, yo sabía que había un Dios. Él estaba buscando sentar cabeza y yo también, pero sabía que él no era la persona con quien quería compartir el resto de mi vida.

Otra luz roja fue su relación con Lauren. Parecía que quería a mi hija, pero no estaba interesado en hacer nada con ella. Él siempre se emocionaba que los fines de semana ella se iba a pasar tiempo con su papá.

Una mañana mientras escuchaba la radio al alistarme para el trabajo, escuché a Doug de la Selva decir que él iba a estar en un negocio local para una transmisión remota. Como la transmisión remota iba a estar cerca, pensé que iría por un momento después del trabajo. Pensé que sería divertido y estaba emocionada de conocer al hombre detrás de la voz. Tenía curiosidad de cómo se miraba y si realmente era tan buena gente como parecía serlo en la radio.

Después de conocernos por primera vez, rápidamente nos hicimos amigos. Todavía estaba saliendo con el *hombre de helicópteros* y Doug estaba involucrado con varias mujeres en relaciones no exclusivas. Nuestras conversaciones y nuestra relación estaban estrictamente en nivel de amistad. Pero con cada conversación descubrimos que teníamos mucho en común. Él estaba divorciado como yo, pero no tenía hijos. Él era cristiano como yo, pero no estaba viviendo una vida que honraba ni agradaba a Dios. Como yo, él sabía que estaba listo para sentar cabeza de nuevo y quería que fuera un matrimonio con Cristo en el centro.

Disfrutaba estar con él, siempre me hacía reír y sentir bien acerca de mi misma.

No pasó mucho tiempo que nuestra amistad se convirtió en algo más serio. Me di cuenta que la relación en la que me encontraba no tenía profundidad y no resistiría la prueba del tiempo. Rompí con el *hombre de helicópteros* y Doug y yo progresamos a una relación donde salíamos juntos. Después de unos meses él terminó todas sus relaciones no exclusivas y nos hicimos una pareja exclusiva.

¡La verdad fue que yo estaba enamorándome de él perdidamente! Yo me sentía atraída a él física y emocionalmente. Me sentía segura con él. Yo le llamaba mi CAB – Caballero de Armadura Brillante. Él genuinamente cuidaba y *quería* a mi hija y siempre la incluía: jugando juegos, leyendo libros y aun jugando con la muñeca *Barbie* con ella y también le ayudaba con su tarea. Yo sabía que la persona con quien me casara tendría que aceptar a Lauren y a mí enteramente, sin excusas ni pretextos. Doug lo hacía. Y Lauren lo aceptó y se agradó del señor "Selva", como le gustaba llamarle cariñosamente.

Empezamos la relación con mucho bagaje emocional y espiritual. Dentro de cinco meses nos comprometimos para casarnos y Doug vino a vivir conmigo y con Lauren. Las cosas iban muy bien por un tiempo. Los dos queríamos ir a la iglesia, pero sentíamos que deberíamos esperar para casarnos. Sabíamos que el sexo antes del matrimonio no era el plan perfecto de Dios. Dios creó el sexo para el placer, pero ese placer fue establecido para el matrimonio en una relación segura, amorosa, monógama y comprometida. Vivimos como si Dios tuviera puesto anteojeras y no podía ver las decisiones que estábamos tomando, y continuamos viviendo para nuestros deseos.

Tenía cuidado de no decirle a mi amiga Lisa que Doug se había venido a vivir conmigo. Yo sabía que eso la desilusionaría. Ella quería lo mejor para mí y no sabía acerca de algunas decisiones que yo estaba tomando. Cuando Doug y yo nos comprometimos, le pedí a Lisa que fuera una de las damas de honor. Ella se quedó emocionada y aceptó, pero cuando comenzó a sospechar que estábamos viviendo juntos me llamó y me preguntó directamente.

Le dije la verdad. Yo sabía que ella iba a estar desilusionada, pero estaba contenta de no esconderle esta parte de mi vida.

—Sheryl, te amo y creo que Doug es un buen hombre —me dijo—. Creo que los dos aman al Señor, pero lo que estás haciendo está mal. Yo quería estar allí por ti, pero no puedo apoyarte así. No puedo estar en tu boda. No puedo ser tu dama.

Ella estaba en lo correcto. Sin embargo, yo no estaba dispuesta a hacer que Doug se fuera. Ella siguió esa corta conversación con una carta. Todavía tengo esa carta hasta el día de hoy, y la uso como parte de mi testimonio. En la carta Lisa me dijo que me amaba, pero que Dios no bendice una relación en pecado. Con amor, pero también firmeza, me desafió a hacer lo correcto.

Le conté a Doug sobre la carta. Los dos sabíamos que ella estaba en lo cierto pero no estábamos preocupados con Dios en ese tiempo, pensábamos que el tema de Dios vendría después. Estaba triste que Lisa no estaría en mi boda pero al menos estaba agradecida que ella estaría allí para celebrarlo con nosotros.

Al pasar los meses comencé a notar cambios en Doug. De repente me parecía distante e inseguro. Con la fecha de mi despedida de soltera aproximándose, él me dijo que estaba inseguro de casarse. Después de mucho dolor de mi parte, decidimos cancelar la despedida de soltera. A diferencia de los hábitos a los que siempre estaba impuesta, me rehusé quedarme callada y barrerlo debajo de la alfombra. Intenté platicar con él, pero él era impreciso y distante. ¿Era esta la parte a la cual Lisa se refería cuando nos advirtió que Dios no bendeciría nuestra relación?

Yo quería ir a la iglesia, necesitaba buscar a Dios. Pero una vez más, buscaba la protección de Dios, no por mi seguridad física, sino para mi corazón. Todavía no entendía que Dios quería una relación conmigo y que podía acercarme a Él por más que solo protección.

Llamé a Hans, el mejor amigo de Doug, quien sabía que era un cristiano maduro y respetuoso, y le pregunté si Lauren y yo podíamos vernos con él en su iglesia. Yo sabía que era local y Lisa me dijo que era una buena iglesia. Hans nos llevó a Lauren y a mí con él varias veces. Doug no quería ir con nosotros; las cosas habían llegado a un alto en nuestra relación y él no quería seguir adelante, pero también parecía que no quería quebrar del todo.

Era confuso y me sentía que estaba en un caos emocional. Estaba desilusionada por haber soltado las riendas emocionales y haberle confiado tanto como lo hice. Me permití cruzar una línea que yo había cercado hace mucho tiempo. Yo quería ser querida y amada por quien yo era, y me sentía así con Doug – bueno, así me sentí hasta que su repentina duda apareció.

Mi cordón escarlata continuó recordándome de mi culpa y vergüenza. Me sentí como un fracaso e indigna de encontrar el amor verdadero y un compromiso. Lisa me animó a buscar consejería y me recomendó un consejero cristiano maravilloso, el Doctor Don Phillips. Ella y su esposo habían usado los servicios del Dr. Phillips cuando luchaban con ciertos problemas matrimoniales unos años atrás. Le pedí a Doug que fuera conmigo. Él estuvo de acuerdo.

El Dr. Phillips abrió mis ojos para ver que mi relación con Dios necesitaba mayor atención. Yo necesitaba aprender nuevas verdades de Dios; acerca de quien Él era y quien yo soy en Cristo; verdades que nunca había escuchado o entendido anteriormente. Además me ayudó a entender que mis relaciones con los hombres normalmente no eran saludables. Aunque yo me aseguraba de alejarme de hombres abusivos, todavía estaba poniendo demasiada confianza y esperanza en un hombre. Esa confianza y esperanza está reservada para Dios. Empecé a entender acerca de límites sanos y como permitirle a Dios ser el centro de mi vida. Yo no necesitaba un hombre que llenara ese vacío. Dios estaba dispuesto y disponible.

Aunque seguimos las sesiones de consejería, Doug continuaba inseguro de casarnos. Me preguntaba qué fue lo que hice mal para hacerlo dudar de *nosotros*. No podía entender porqué de repente cambio de parecer acerca de mí. ¿Fueron mentiras todas sus tarjetas, notas y palabras de afirmación? ¿Me había engañado otra vez? Yo pensaba que estábamos de acuerdo. Me parecía que su inseguridad venía de la nada.

La fecha de la boda rápidamente se aproximaba y decidimos hacer lo impensable, por lo menos a mi parecer. Pospusimos la boda. Él hizo todas las llamadas y hasta se quedó en un hotel por algunas noches. Yo no podía parar de cuestionar como arruiné todo. Mi cordón escarlata estaba colgando apretadamente sobre mi cuello, y se ponía más pesado con cada día que pasaba.

Lo que ahora sé

Doug y yo estábamos poniéndonos a nosotros mismos y a nuestros deseos antes que a Dios.

Un pastor un día dijo, *"Si quieres estar cubierto por la voluntad de Dios, tienes que escoger someterte bajo esa cobertura y permanecer allí."*

Yo me permití volver a mis viejos hábitos, e intenté tomar responsabilidad por los sentimientos y problemas ajenos.

Hilos de esperanza

1. ¿Alguna vez has tenido una confrontación con un(a) amiga(o) cuando tú estabas equivocado, y él (ella) te dijo la verdad? ¿Cuál fue el resultado?

2. El ser honestos, aun cuando es incomodo, no siempre es fácil. Lee Proverbios 27:6.

3. ¿Hay áreas en tu vida donde haces como si Dios tuviera anteojeras puestas y que no puede ver el pecado en el que estás?

4. Lee Santiago 1:22-24.

5. ¿Has caído en la trampa de ser un *oidor* y no un *hacedor*? ¿Cuál es un paso que puedes tomar para ser un *hacedor*?

CAPÍTULO 17
VERDAD

Echad de vosotros todas vuestras transgresiones con que habéis pecado, y haceos un corazón nuevo y un espíritu nuevo. ¿Por qué moriréis, casa de Israel? Porque no quiero la muerte del que muere, dice Jehová el Señor; convertíos, pues, y viviréis.

Ezequiel 18:31-32

Después de meses de confusión y de sentir que Doug quería y luego no quería la relación, todo llegó a un clímax una noche de mayo del 1996. Esa noche, Doug me dio una carta explicándome todo. Solo leí las primeras líneas. Y vi todo lo que necesitaba ver. Él admitió que estaba saliendo con alguien más.

Yo estaba completamente devastada. Literalmente sentí que me rompí por dentro. Estaba quebrantada.

Rompí la carta en pedazos y se la tiré. Vagamente recuerdo haberle llamado a mamá para que viniera por Lauren. Tuve la suficiente sensatez para no permitir que ella escuchara o viera lo que sucedería a continuación. Me quité el anillo de compromiso y lo tiré lo más fuerte que pude a su cara. Corrí por todo el apartamento tomando cada foto de nosotros que podía encontrar y las rompí a la mitad. Saqué su ropa del clóset y la tiré al piso.

Doug intentó calmarme y hablarme, pero yo no estaba interesada en calmarme *o* en hablar. Yo quería que él supiera cuanto me había lastimado y quería que a él le doliera también. Yo quería que él sintiera mi dolor.

Yo había bajado la guardia. ¡Yo confié en él con todo mi corazón!

La manera como me expresaba era nueva para mí. Yo no estaba impuesta a mostrar mis sentimientos de esta manera. Yo me permití sentir algo *y* demostrarlo por fuera. Mi diatriba siguió por lo que parecía horas, pero llegué al punto donde mi adrenalina se acabó. Estaba exhausta. Me acosté en la cama y me dormí.

Doug se quedó a mi lado toda la noche. No recuerdo los detalles exactos; solo recuerdo que desperté y lo vi mirándome y diciéndome, "Lo siento mucho. Te amo."

Yo quería creerle, pero con mi historial de relaciones con los hombres la palabra "perdón" no significaba mucho. Las disculpas no garantizaban que lo sucedido no pasaría de nuevo. No sé porqué, pero le dije, *"Te amo también."*

Estaba confundida. Sí lo amaba. En ese momento también lo odiaba. Seguramente no estaba lista para perdonarlo. Pero con admitir «Te amo también,» abrí la puerta al perdón y a la libertad – para los dos.

Pensé que quizá ayudaría que Doug compartiera su historia en sus propias palabras.

La historia de Doug

Pasé mi último año de la preparatoria en Alemania como un estudiante extranjero. Fue una experiencia grata para mí. Maduré mucho durante mi tiempo en ese país. También conocí a una muchacha que después se convertiría en mi esposa. Estuvimos casados por casi cinco años.

Éramos totalmente opuestos y al final, creo que yo trataba de casarme con mi experiencia maravillosa en Alemania a través de ella. Me extravié de mi matrimonio y de mis pactos. Me involucré con un nuevo servicio de chat por Internet donde conocí a una mujer. Chateamos. Fuimos infieles. Esa relación marcó el final de mi matrimonio. Este comportamiento de empezar una nueva relación antes de terminar con otra relación existente se convirtió en un hábito recurrente.

Por los siguientes años exploré un sinnúmero de relaciones. Cada una tenía algo distinto que ofrecer, pero ninguna marcaba todas las casillas de mi formulario. Una persona quizá era divertida, pero no bonita; otra quizá era bonita, pero no muy inteligente.

Adelantamos la historia hasta llegar a Sheryl. Recuerdo el hablar con ella por teléfono; hablando de nuestros problemas, sus relaciones y la vida en general. Yo estaba impuesto a tomar la función de 'consejero' cuando platicaba con mujeres, especialmente mujeres hermosas que me atraían. Esto había sido mi suerte en la vida desde la secundaria. Yo siempre era bueno para platicar con las chicas *chulas*, pero ellas siempre querían a alguien más, no a un chico empollón como yo.

En la época cuando salía con todo el mundo fue cuando conocí a Sheryl. Yo quería llevar nuestra relación despacio, ser su amigo. Francamente, mi 'agenda de citas' ya estaba muy llena. Al principio hablábamos por teléfono, luego finalmente la conocí en persona en el negocio "Mail Boxes Etc" durante una transmisión remota de la radio. «¡Hombre! —pensé—, ¡Está *chulísima!*»

Nuestra primera cita fue en un lugar de comida Mexicana. Terminó con un abrazo – y nada más.

Sheryl definitivamente *marcaba todas las casillas de mi formulario*. Ella era todo lo que yo quería. Mi mente se fue directamente a pensar, «¡*Vamos a juntarnos, casémonos!*» Pero nuestro testimonio es *"Dios no puede bendecir el pecado."* Él no podía, y no lo hizo, bendecir el hecho que vivíamos juntos.

—Bueno —podrás preguntar—. ¿Por qué extraviarte cuando lo tenías todo?

Para mí era un hábito. Aunque yo estaba en una relación exclusiva con Sheryl, todavía me reunía con radio escuchas para almorzar. ¿Inocente, verdad? No era gran cosa. Pero cuando te pones en situaciones peligrosas, cuando juegas con fuego, te vas a quemar. En una cita de almuerzo, sentí atracción por otra mujer. Ella no le llegaba ni a los tobillos a Sheryl, pero yo seguía prisionero al hábito de mi vida: conocía a alguien, teníamos química, salíamos, y me extraviaba. Simplemente fue como era mi vida.

Fui un idiota con Sheryl; el mentir de no estar seguro de casarnos, diciendo *"necesito tiempo para pensarlo, voy a salir a manejar"* solo para verme con la otra mujer. Al otro extremo del espectro, yo le decía a la otra mujer, *"Sí, voy a terminar con Sheryl; habrá tiempo para nosotros,"* cuando en verdad por nada quería terminar mi relación con Sheryl.

Finalmente, Dios pudo llegar a mi terca cabeza.

—*Para de correr. ¡Para de correr de Mí!*

Yo sabía que Dios había permitido que Su gracia se derramara sobre mí durante mi tiempo de *salir con todo el mundo*. Él me protegió de mi insensatez y comportamiento peligroso, y ahora Él me estaba regalando la mujer de mis sueños, pero también quería que lo siguiera a Él para tener a Sheryl.

Me sentí miserable y sabía que tenía que contarle la verdad a Sheryl, pero tenía tanto miedo de perderla. Dios me había concedido el deseo de mi corazón, y si todas mis otras relaciones habían comprobado algo, fue que yo estaba totalmente *seguro* que Sheryl era lo mejor para mí. Y sabía que tenía que parar de correr de Dios.

La noche que finalmente tuve la valentía de contarle a Sheryl se desató el infierno, pero a través de todas las emociones y todo el dolor, empezamos una relación que fue bendecida por Dios. Ahora estamos parados como un testimonio a la verdad y la verdad es:

1. Dios no puede bendecir algo hecho en pecado.
2. Mientras tengas aliento, todavía tienes una oportunidad para pedir perdón y cambiar tu vida.

Cuando salió la verdad, tomamos la oportunidad de poner todo sobre la mesa. Tuvimos una oportunidad para empezar de nuevo. Esto iba a ser una nueva relación para nosotros en muchos aspectos – individualmente y colectivamente.

Doug quería contarme toda la verdad. Me dijo que me amaba y que lo sentía mucho, aunque esas *palabras* no tenían mucho significado para mí en ese momento – yo necesitaba ver *acción*. Él estaba dispuesto a llamar al consejero y contarle todo e ir a la iglesia conmigo. Él quería que empezáramos de cero y hacer a Dios parte de nuestra relación.

Él tomó un gran salto de fe al confesarse conmigo y yo tomé un gran salto de fe al permitirle que continuara en mi vida. Por primera vez oramos juntos. Fue incomodo para los dos, pero a la misma vez fue muy confortante.

Al día siguiente nos vimos con el consejero y las cosas progresaron rápidamente. Él nos ayudó a caminar por este nuevo capítulo. Hablamos abiertamente de todo. Debatimos sobre si él debería irse de la casa para poder mantener nuestro nuevo pacto de abstinencia hasta el matrimonio. Estábamos determinados a casarnos como vírgenes en el *espíritu*. Decidimos que Doug se quedaría en el departamento, pero se quedaría en el sofá. Queríamos hacerlo bien esta vez. Queríamos que Dios sea primero en nuestra relación.

Queríamos que Dios sea la cabeza de nuestro hogar.

Al pasar los días nos dimos cuenta que la tentación de quebrar nuestro pacto de abstinencia se hacía más fuerte. Tan pronto abres la puerta a ciertos comportamientos en una relación, es difícil cerrarla de nuevo. Queríamos empezar un nuevo comienzo con integridad. A la siguiente cita de consejería hablamos acerca de casarnos más pronto.

Nos casamos el 22 de mayo del 1996. Nuestro consejero era un ministro ordenado, así que le pedimos si él estaría dispuesto a casarnos en su oficina con mi mejor amiga Lisa y Hans, el mejor amigo de Doug a nuestro lado. Mantuvimos nuestra fecha original del 9 de junio y lo usamos para renovar nuestros votos y compartir nuestro testimonio ante nuestra familia y amigos.

Durante nuestra ceremonia del 9 de junio, tocamos la canción «*This Time (Esta Vez)*» por David Meece. Es una canción hermosamente escrita sobre segundas oportunidades y de seguir adelante en la vida. Queríamos que todos los que asistieron a nuestra boda escucharan nuestro testimonio a través de esta canción.

Inicialmente íbamos a tener un cortejo nupcial, pero ahora todo era diferente. Sentimos que Lauren debería ser mi dama de honor y niña florista. Mi papá tomó un vuelo a California desde Alabama para encaminarme hacia el altar. Cuando Doug entró al salón, su mamá lo encaminó hacia el altar con la canción, «*Going to the Chapel (Yendo a la capilla)*.» Inicialmente, no habíamos planeado la boda y la recepción de esta manera. Ahora se trataba de la familia que los dos habíamos anhelado, como decía la canción, «*Esta vez»*, se trataba de *segundas oportunidades sin mirar al pasado*.

Nuestra boda fue todo lo que soñamos y más. Dios redimió no solamente nuestra relación, pero la usó como una catálisis hacia una relación renovada con papá. Pudimos compartir nuestro testimonio con todos a través de la ceremonia nupcial, y después celebramos la gracia de Dios y su redención a través de la recepción. ¡Me imagino que fue una fiesta similar a la de la parábola donde el padre hizo fiesta para su hijo prodigo! Dios en su gracia y misericordia abrió sus brazos a mí y a Doug al confesar, arrepentirnos y seguir adelante con determinación y valentía.

Lo que ahora sé

Hay libertad en la verdad, aun cuando la verdad duele.

No puedes pecar más allá de la gracia, la misericordia y el perdón de Dios.

Dios permitió que casi perdiéramos nuestra relación para poder salvarla.

Por más difícil que fue, la confesión de Doug fue el punto clave que hizo cambiar nuestra relación.

Dios no puede ser parte de una relación donde Él no es invitado o incluido.

Hilos de esperanza

1. La raíz de mucho de nuestro pecado es el orgullo y el egoísmo. ¿Qué puedes hacer para no permitir que esas raíces se arraiguen aun más en tu vida?

2. Lee Proverbios 15:3 y Jeremías 23:23-24.

3. ¿Estás escondiendo un secreto que está impidiendo tu crecimiento espiritual?

4. ¿Es Dios parte de cada relación que tienes?

5. Lee 1ª Pedro 2:1-6. El deseo viene por la experiencia. ¿Qué puedes hacer para hacer vivir esta escritura y poner a Dios como prioridad en tu vida?

CAPÍTULO 18
UNA VIDA NUEVA

Todo aquel que viene a mí, y oye mis palabras y las hace, os indicare a quien es semejante. Semejante es al hombre que al edificar una casa, cavo y ahondo y puso el fundamento sobre la roca; y cuando vino una inundación, el rio dio con ímpetu contra aquella casa, pero no la pudo mover, porque estaba fundada sobre la roca. Mas el que oyó y no hizo, semejante es al hombre que edifico su casa sobre la tierra, sin fundamento; contra la cual el rio dio con ímpetu, y luego cayo, y fue grande la ruina de aquella casa.

Lucas 6:47-49

Mirando hacia atrás, ahora puedo ver como las cosas se pusieron en su lugar después que entregamos nuestros corazones a Cristo. Eso no significa que todo fue fácil. Tomó mucho tiempo, compromiso y comunicación para reconstruir la confianza. Las acciones hablan más fuerte que las palabras y parte del compromiso que nos hicimos involucraba crear límites en nuestras interacciones con personas del género opuesto. Ponemos en práctica estos límites hasta el día de hoy. Doug y yo amamos la filosofía de escoger no ir a ningún lado con un miembro del sexo opuesto solos.

Trabajamos arduamente para mantener nuestra armadura espiritual. Oramos el uno por el otro a diario. Hablamos de todo. He trabajado arduamente para no permitir que nada se barra debajo de la alfombra. Sí, puede ser difícil, pero es importante.

Como familia inmediatamente nos conectamos con la iglesia

que había empezado a visitar, Westgate Community Church, en San Jose, California. Íbamos cada domingo. Doug y yo sabíamos que el convivir con otros creyentes era vital a nuestro crecimiento espiritual, así que nos unimos a una célula pequeña. Lauren siguió nuestro ejemplo y participo en el programa de niños, *Awanas*. Ella llego a aceptar a Cristo y escogió bautizarse.

Participé en eventos de mujeres en la iglesia. Mientras comenzaba a abrirme a otras mujeres, vi que aunque todas parecían perfectas por fuera y tenían la apariencia de tener todo en orden, cada una también tenía su propia historia. Comencé a ver que no tenía que ser perfecta a los ojos de Dios, ni de estas mujeres. Me di cuenta por primera vez en mi vida que Dios me quería tal como soy – cordón escarlata y demás.

Un año y medio después de comprometernos con Dios y con nuestra familia, Doug oyó de una oportunidad de trabajo para un locutor matutino de una estación de radio cristiana a las afueras de Nashville, Tennessee. En ese tiempo las cosas estaban quietas con mi exmarido, pero nunca sabía cuando eso iba a cambiar. Siempre lo incluía en las funciones de Lauren de la escuela e iglesia, pero todavía le temía. Conocía su temperamento, así que hice todo cuanto podía para que no estuviera enojado conmigo. Yo tenía un temor irracional que él vendría en contra de mí o mandaría a alguien más para que lo hiciera. También me preocupaba que él intentara quitarme a Lauren, sea a través de una contienda judicial, o aun a través de un secuestro. Él nunca me había amenazado en hacer esto, pero sentí que él era más que capaz de hacer estas cosas si quisiera.

Aun así, yo todavía quería que las cosas estuvieran bien para Lauren. No quería hacerla pasar por cosas que yo había pasado como hija de un divorcio. Tenía cuidado de no decirle cosas negativas de su papá. Mantuve mis temores y mis pensamientos dentro de mí, apretadamente envueltos con un cordón escarlata.

Doug indagó acerca de la posición del programa matutino y aplicó para el puesto. En un santiamén, la estación de radio cristiana en Tennessee estaba en el teléfono ofreciéndole a Doug el trabajo. Era una oportunidad maravillosa – solo había un detalle. La mudanza nos pondría a miles de kilómetros de distancia entre nuestra familia y el papá de Lauren. Una estipulación en el acuerdo del divorcio fue que necesitábamos un permiso escrito del uno al otro para llevar a Lauren fuera del estado de California. Yo titubeaba en pedirle ese permiso. No sabía lo que él diría. Me sorprendió su respuesta. Él parecía estar genuinamente contento por nosotros y nos dio permiso tanto verbal como escrito de llevarnos a Lauren a vivir fuera del estado.

Nuestro crecimiento espiritual produjo algunos efectos secundarios inesperados. Note cambios sutiles en mi relación con mamá. Parecía que cuanto más nos acercábamos a Dios, más ella y mi padrastro se alejaban de nosotros. Había mucho que yo no sabía ni entendía acerca de mamá. Comencé a notar hábitos en su comportamiento que me confundían.

Mientras nos preparábamos para nuestra ida nos dimos cuenta que yo estaba embarazada. ¡El decir que estábamos emocionados sería quedarse corto! No solamente nos mudábamos a un nuevo estado, pero tendríamos un nuevo miembro en la familia. En medio de todo el ajetreo que conllevaba el movernos y el nuevo embarazo, mamá y mi padrastro anunciaron que ellos también se iban a mover a Tennessee.

Yo estaba perpleja, particularmente a la luz de lo que sentí acerca de su alejamiento. «*Ellos habían considerado moverse para escapar los precios altos de California,*» explicaron. «*Querían jubilarse en un área donde los precios eran más razonables,»* Como nosotros nos íbamos a vivir a Tennessee, pensaron, *«¿Por qué no?»* Allí es donde ellos vivirían también.

Doug se mudó a Tennessee en febrero del 1998 mientras que Lauren y yo nos quedamos en California para que ella terminara su cuarto año escolar. Doug regresaba a casa casi todos los fines de semana. Esto nos permitía unos pocos meses para empacar y organizar las cosas. Durante las vacaciones de primavera de Lauren, ella y yo volamos a Tennessee y encontramos una vivienda unifamiliar para alquilar, un médico para ayudarme a dar a luz a mi bebé, una escuela para Lauren que empezaría en el otoño y visitamos una iglesia. Lauren y yo oficialmente nos reunimos con Doug en Tennessee en junio del 1998. El bebé nacería en agosto.

Nuestro hijo Garic entró al mundo en agosto del 1998. Me sentí bendecida que Dios me permitió tener otro hijo – un varón. Lauren había estado anticipando la llegada de su hermano; ella le hablaba a diario cuando él estaba en mi vientre. No podía esperar para sostener y acurrucar a su hermanito bebito. Doug estaba emocionado con la idea de tener un hijo. Él amaba a Lauren como si fuera de él, pero ahora tenía la oportunidad de criar y amar a un hijo desde el principio de su vida.

Yo experimenté la misma sensación de amor sobreabundante como cuando mi hija nació diez años atrás. Las palabras no pueden adecuadamente describir cómo se siente el tener un bebé recién nacido por primera vez. El momento que Garic nació y escuchamos su llanto saludable, Doug y yo lloramos también.

—¡Tenemos un varón! ¡Tenemos un varón! —nos seguíamos diciendo el uno al otro.

Mi papá manejó tres horas y media desde Alabama hasta Tennessee para conocer a su nuevo nieto. Lo abracé apretadamente y le di las gracias por venir. Él me volvió el abrazo firme y sonrió.

—Yo no me iba a perder de este —dijo él.

Después de traer a nuestro hijo a la casa y de acoplarnos a nuestra nueva vida familiar, pusimos como prioridad el conectarnos con una buena iglesia. Decidimos ir a Harpeth Heights Baptist Church en Nashville. Estábamos activos e involucrados con el servicio dominical, la escuela dominical y los servicios de los miércoles por la noche. Fue entonces que sentí mi primer llamado de Dios para guiar a otras mujeres. Para mí, el ministerio de mujeres ha sido una obra de amor.

Comencé guiando un grupo de oración llamado "Moms in Touch" (Mamás en contacto). Después dirigí estudios basados en la serie de libros, *«Mujeres de la Biblia…Ligeramente Malas»* por la autora Liz Curtis Higgs. Estaba intrigada por el título, y después de leer el primer libro, me enganchó. Estaba abrumada por la honestidad y el testimonio de la autora. Me sentí conectada a ella por su sinceridad. Ella había tenido una experiencia similar a la mía. Me relacionaba también con las mujeres sobre las cuales ella enseñaba en la Biblia. Estas mujeres de repente cobraron vida para mí. Fue un libro que cambió mi vida y yo lo quería compartir con todo el que quería escuchar. Para mi sorpresa, más de veinte mujeres se inscribieron para leer y dialogar sobre las *Mujeres de la Biblia…Ligeramente Malas*.

Con cada libro que leíamos y discutíamos, parecía que nuestras mascaras estaban siendo quitadas. Esta era la primera vez en mi vida que yo abiertamente compartí mi testimonio. Estaba asombrada de sus reacciones. Comencé a ver mis pecados no como un cordón escarlata sobre mi cuello, pero como un testimonio de la gracia y el perdón de Dios. El cordón escarlata se convirtió en un símbolo de la sangre de Jesús lavando todos mis pecados, limpiándome de toda mi culpa, en vez de la soga del verdugo recordándome de mi culpa y vergüenza. Esto fue un momento crucial para mi vida. Doug creó un grupo similar para hombres, en el cual oraban y estudiaban la Biblia. Él compartió abiertamente sobre su pasado. Los dos reconocimos el poder de quitarnos la máscara y caminar en la verdad.

Lo que ahora sé

Los límites sanos en un matrimonio son importantes. Cada pareja necesita identificar (preferiblemente antes de decir, *Acepto)* cuáles son esos límites sanos.

El encontrar hermanos en la fe e involucrarse en la iglesia local es importante para tu crecimiento espiritual.

Todavía estaba funcionando dentro del TEPT con mi exmarido.

Para mí, involucrarme con otras mujeres en la iglesia fue un primer paso para seguir adelante.

El quitarse la máscara y el ser real con otros nunca es fácil, pero al final siempre es más provechoso.

Hilos de esperanza

1. Si has experimentado que han traicionado tu confianza en una relación y te has reconciliado y has sanado esa relación, ¿Qué fue algo que hiciste para avanzar hacia la reconciliación y la sanidad en la misma?

2. El confesar es el primer paso hacia la reconciliación. Lee Proverbios 28:13.

3. La confesión, el arrepentimiento y la reconciliación cambian una relación. En ocasiones la relación se hace más profunda, y en otras ocasiones viene con el perdón y con el establecimiento de límites. ¿Hay un momento donde experimentaste el perdón con un establecimiento de límites?

4. Anima a alguien que haya sido un buen modelo a seguir en tu vida y que se haya quitado la máscara a pesar de su pasado.

5. Lee Efesios 6:13-18. Escribe las cosas que al presente estás haciendo para ponerte la armadura de Dios. Haz otra lista de las cosas que, en término realista, puedes agregar en el próximo año para profundizar tu relación con Dios y mantener tu armadura ceñida.

CAPÍTULO 19
MI PAPÁ

Jesús les dijo: Por vuestra poca fe; porque de cierto os digo, que si tuviereis fe como un grano de mostaza, diréis a este monte: Pásate de aquí allá, y se pasara; y nada os será imposible.

Mateo 17:20

Papá fue un alcohólico. También sufría de depresión. Él murió repentinamente en mayo del 2000. Papá nunca recibió tratamiento por cualquiera de las dos condiciones, aunque estoy convencida de que sufrió de las dos. También creo que él fue sano de todas sus aflicciones y angustias porque ahora vive en el Cielo.

De adolescente, papá escuchó a Billy Graham predicar en la televisión e hizo la decisión de aceptar a Jesús como su Señor y Salvador. Como no tenía un fundamento y no buscó una relación con Jesús, simplemente se hizo una creencia y no un estilo de vida. Sus padres crecieron en el sur donde el ir a la iglesia era simplemente parte de la vida, pero no había profundidad en sus tradiciones de fe. La iglesia no formaba parte de su vida familiar cuando mis abuelos se casaron y tuvieron hijos.

Papá fue un hombre de compasión que tenía una creencia solida en la familia. Era un ávido jardinero y un maravilloso cocinero. Su debilidad giraba en torno a las confrontaciones, la comunicación y el alcohol. No era alguien quien abiertamente demostraba sus sentimientos. Él te hacía saber si lo habías desilusionado o si habías herido sus sentimientos al darte el tratamiento del silencio.

Tengo muy pocas memorias de papá cuando estaba completamente sobrio. Regularmente tenía una cerveza en la mano por la tarde. Más tarde en la vida tomaba tragos más fuertes y por la mañana. Sus últimos años fueron llenos de alcoholismo severo, depresión y angustia. La muerte repentina de su madre en el 1984 fue emocionalmente difícil para él. Mi abuela tenía unos problemas de salud, pero nadie sospechaba que tendría un ataque al corazón y moriría. Ella estaba fuera del estado en un viaje cuando murió y papá estaba devastado que no pudo llegar a despedirse de ella. Él fue allegado a sus padres, pero especialmente a su madre. Después de su muerte, su consumo aumento.

La muerte de mi abuela, combinada con la tensa relación causada por la situación entre mi exmarido y mi hermana menor, obligó a papá y a mi abuelo a regresarse a casa en Albertville, Alabama. Compraron casas a poca distancia el uno del otro. En medio de intentar llenar el vacío con el alcohol papá empezó a ir a la iglesia. Cada domingo por la mañana, papá y mi abuelo manejaban una hora para visitar la iglesia de mi primo, Mountain View Baptist Church, en Birmingham. Poco después de visitarla, papá y mi abuelo caminaron por el pasillo juntos y aceptaron a Jesús como su Señor y Salvador. Nunca olvidaré la llamada telefónica de papá cuando me contó acerca de su decisión. Él estaba emocionado y yo me regocijaba.

Poco tiempo después, mi abuelo murió de cáncer del pulmón. Papá cayó rápida y duramente en un espiral de depresión severa. Su consumo se convirtió en un problema aun más grave. Él nunca consideró pedir ayuda y de seguro no hubiera aceptado una intervención. Fue más fácil para él alargar la mano hacia la botella.

Después de que falleciera mi abuelo, papá continuó yendo a la iglesia por un tiempo y aun hizo la decisión de bautizarse. Él estaba orgulloso de su decisión. Alguien tomó una foto

Polaroid de este evento y se mantuvo pegado a su refrigerador hasta el día que vendimos su casa. Desafortunadamente, mientras su angustia y el alcoholismo lo consumían, iba más infrecuentemente a la iglesia. Aunque sé que apreciaba las llamadas telefónicas y las visitas de los pastores y de su primo, raramente compartía su angustia. Él mantenía todo su dolor por dentro.

Un año antes de que muriera papá, tuve una visita extraña con él. Él estaba completamente sobrio y hablamos de su relación con mamá, de mi niñez, y de su vida. Vimos todas las fotos de antaño de su niñez y fotos de cuando él aun estaba casado con mamá. Él me abrió su corazón en esta conversación, confesando cosas que él hizo durante su matrimonio con mamá y tomó responsabilidad de sus decisiones y acciones.

Él se había casado con mamá porque ella estaba embarazada de mí, me dijo, pero él declaró estar enamorado de ella y verdaderamente quería que funcionara su matrimonio. Dijo que al final las cosas estaban demasiado difíciles; demasiadas cosas habían fracasado entre los dos; demasiadas acusaciones; demasiados pleitos. En su mente y corazón, era demasiado tarde y él dejó ir la poca esperanza que alguna vez tuvo.

Lo que ahora sé

El alcoholismo es una enfermedad represible. Le roba a la gente la vida y las relaciones.

El deseo de mi papá de no confrontar o lidiar con temas del corazón corre profundamente en su familia.

Lamento no haber platicado con papá acerca de la acusación del abuso sexual de mi exmarido. Lo enterramos profundamente debajo de la alfombra después de que me llamó, y que lleve a Lauren para que lo conociera por primera vez.

Cubrir, ignorar o enterrar problemas antes de lidiar con ellos, no hace que desaparezcan. Eso continúa agravándose debajo de la superficie.

Reconozco que yo tenía un temor no saludable de angustia y creo que papá tenía un temor similar. La angustia es una emoción y he aprendido que aunque no es agradable, no tengo que temerlo.

Hilos de esperanza

1. ¿Has luchado en alguna ocasión con una adicción? Si es así, ¿Qué has hecho para romper el ciclo de adicción en tu vida?

2. En general, el temor esta a la raíz de no querer confrontar situaciones (temor al rechazo, verdades, emociones o abuso). Lee Isaías 43:2-3, Proverbios 3:25-26, y el Salmo 18:28-30.

3. Mientras reflexionas en tu relación personal con Cristo, ¿Es simplemente una creencia o un estilo de vida?

4. Lee el Salmo 119:2, Proverbios 8:17, Jeremías 29:13 y Colosenses 3:1-2.

5. La angustia nos permite sentir un nivel distinto de emoción en diferentes momentos de nuestra vida. Lee Isaías 53:4, Mateo 26:36-39 y Juan 16:16-22.

CAPÍTULO 20
CONTROLADA POR EL TEMOR

Y conoceréis la verdad, y la verdad os hará libres.

Juan 8:32

Aunque Doug y yo disfrutábamos de nuestra nueva vida en Nashville, yo continuaba mandándole copias al papá de Lauren de sus papeles de la escuela, sus calificaciones, e información de sus viajes de estudio para hacerle sentir que estaba involucrado en su vida diaria. Las visitas ahora estaban limitadas a días festivos, vacaciones de Navidad y de verano, pero estas visitas disminuyeron al pasar los años. Él hizo muchas promesas, pero cumplirlas fue una proposición al azar.

Poco después de mudarnos a Tennessee, el papá de Lauren se casó de nuevo. Desafortunadamente, Lauren fue testigo de varias situaciones violentas entre él y su nueva esposa. Me imagino que pasaba mucho más de lo que ella estaba al tanto. Ese matrimonio terminó en divorcio después de pocos años.

Aunque él vivía a miles de kilómetros de distancia, seguía teniendo temor de él. Todavía no lo confrontaba con ningún asunto del pasado. Continúe permitiendo que cosas se barrieran debajo de la alfombra. Una vez, Lauren llegó a casa después de una visita, y mencionó como su papá había sido un estudiante de intercambio extranjero en Japón cuando estaba en la preparatoria. Me contó que habían salido a cenar a un restaurante japonés con su segunda esposa y los padres de ella, y él empezó a contar historias de su experiencia en el

Japón como estudiante de intercambio. Lauren no recordaba haber escuchado estas historias anteriormente, pero de la manera que su papá lo contaba, ella asumió que él simplemente no lo había mencionado antes. Ella creía sus historias.

Yo sé que él nunca fue un estudiante de intercambio extranjero. Fuimos a la misma preparatoria y en nuestros nueve años juntos yo nunca le vi fotos o recuerdos, ni escuché historias acerca del mismo. Yo sabía que él estaba mintiendo. Él siempre contaba historias escandalosas y la mayoría de la gente nunca lo cuestionaba, aunque les costara creer lo que él les decía. No estaba segura de cómo responder. Le dije a Lauren que no tenía recuerdo que él haya sido estudiante de intercambio extranjero antes ni después de casarnos. Por un lado quería llamarle y preguntarle por que había dicho una mentira tan obvia. Pero sabía que no convenía hacerlo.

Escogí no confrontarlo por dos razones; no quería que él se enojara con Lauren por habérmelo contado, y no quería sentir su ira. Me imaginé que él encontraría alguna manera para explicar sus acciones y hacerme a mí la *mala del cuento*. También sabía qué tan enojado se ponía cuando era confrontado con la verdad, y aunque vivía a miles de kilómetros de distancia, me mantenía dentro de los límites que me construí, por eso nunca lo confronté.

Pasó el tiempo y las visitas pospuestas, los regalos prometidos que nunca llegaron, los viajes cancelados, y la falta de apoyo financiero se convirtió en un problema tan grande que ya no me quedaba otra alternativa. Tenía que confrontarlo. En esas ocasiones el hombre abusivo que yo conocía tan bien volvía a aparecer – enojado y maldiciendo.

Él le dijo a Lauren que nunca tuviera pena de pedirle cosas que ella necesitaba o quería. En ocasiones él cumplía sus promesas. Pero más a menudo Lauren escuchaba historias increíbles de cómo sus regalos habían sido robados o perdidos en el correo, o como por causa de alguien más él no podía llevarla a un viaje o una visita que se le había prometido.

Él tenía el hábito de esperar a que yo le recordara del cheque mensual de sustento de menores. Yo le temía a las llamadas mensuales de recordatorios, pero jugué su juego porque no sentía que tenía otra alternativa. Era estresante hacer esa llamada *amigable* para recordarle mes tras mes cuando la fecha en que habíamos acordado se había pasado. Me encontré contando los días hasta la fecha de graduación de Lauren, siempre pensando, «*Tan pronto Lauren se gradúe ya no tendré que lidiar con él jamás. Simplemente puedo decir lo que yo le quiera decir.*» Pero aun mientras lo pensaba, yo sabía que me estaba mintiendo a mí misma. ¿Por qué me engañaba? Yo nunca podía confrontar a ese hombre.

Lo que ahora sé

Me sentía atrapada en mi relación con mi exmarido aunque habíamos estado divorciados por varios años. Todavía actuaba como una mujer abusada en nuestra relación.

El decir mentiras e historias increíbles, manipular a la gente y situaciones para su propio beneficio habla sobre un problema del corazón muy profundo, que normalmente incluye baja auto-estima, vergüenza, temor y problemas emocionales.

El confrontar a alguien nunca es fácil, sin embargo, Dios nos ha dado un ejemplo de cómo confrontar en amor a otros exitosamente en Mateo 18:15-17. Esta escritura se refiere a confrontar a otros creyentes dentro de la iglesia, pero yo creo que puedes aplicar este concepto a cualquier confrontación.

Viviendo en temor de alguien no es el plan ni el propósito de Dios para las relaciones.

Hilos de esperanza

1. ¿Conoces a alguien que ha mentido o exagerado? ¿Por qué crees que él o ella lo hicieron? ¿Crees que ellos sabían que tú conocías la verdad? ¿Cómo lidiaste con esta situación?

2. Confrontar a alguien cuando sabes que esa persona no está siendo honesta acerca de una situación nunca es fácil. Después de leer Colosenses 3:9 y Filipenses 4:8, ¿Cómo lidiarías con esta situación?

3. ¿En alguna ocasión has mentido o exagerado? ¿Cómo resolviste esto con Dios? ¿Cómo resolviste esto con la persona a la que le mentiste?

4. ¿Hay situaciones en tu vida hoy donde necesitas crear mejores limites o pedir perdón por sobrepasar tus limites con alguien más?

5. ¿Hay momentos cuando has prometido hacer algo, sabiendo que no podrías cumplirlo, pero no querías decir que no? Lee Santiago 5:12. ¿Cómo puedes empezar a cambiar tu manera de responder a estas peticiones?

CAPÍTULO 21

ESTRECHANDO Y DESARROLLÁNDOME

Lámpara es a mis pies tu palabra, y lumbrera a mi camino.

Salmo 119:105

A los dos años de vivir en Tennessee, mi relación con mamá comenzó a cambiar. Habían pasado varios años que no me había involucrado en uno de sus episodios, pero su consumo de alcohol había empezado a aumentar y nuevamente los hábitos anteriores resurgieron. Fue un miércoles por la noche y los niños y yo estábamos en la iglesia. Doug se quedó en casa para dormirse temprano. Mamá llamó a casa y le dijo a Doug que ella y mi padrastro estaban discutiendo y necesitaba que alguien viniera por ella. Doug hizo lo que él pensaba que debería de hacer – él fue por ella y la trajo a la casa.

Al llegar a casa, Doug salió a recibirnos.

—Tú mamá está adentro —me dijo—. Y está borracha.

Mi estomago se hizo nudos, pero puse cara de valiente y entré a la casa. Doug cuidó a los niños mientras yo me senté en el sofá con mamá. Ella lloró y me dijo que tenía miedo. Yo intenté mantener la calma al quedarme allí sentada escuchando las mismas cosas de siempre. Me sentía confundida porque ella nunca mencionó tener miedo cuando estaba sobria. ¿Qué se me escapaba? ¿Qué era lo que realmente pasaba?

—Tengo una pregunta que hacerte —dijo entre sollozos—.

Quiero que contestes sinceramente. Todo estará bien, no importa como contestes. No herirás mis sentimientos.

—Claro, mamá —le respondí—. Yo te diré la verdad. Pregunta lo que tú quieras.

—¿Tú y tu padrastro nunca... *hicieron* nada? —finalmente pudo preguntar.

Me tomó por sorpresa, completamente paralizándome con la pregunta. Ni podía comprender las profundidades de su pregunta.

—¿Qué quieres decir, que si nunca *hicimos* algo? —le respondí.

—Quiero decir, ¿Alguna vez te toco o hizo algo sexual contigo? —dijo ella.

Yo estaba abrumada con la pregunta. Mientras me quede sentada procesando la pregunta sentí nausea. Mi corazón comenzó a latir rápidamente. Pensamientos corrían por mi cabeza. «*¿Qué tanto tiempo sospecharía de el? ¿Y si es cierto que sí sospechaba de su esposo abusándome, por que no dijo algo mucho antes? ¿Y por qué no intentó protegerme? ¿Pensaría que tuvimos un "desliz"? ¿Realmente pasó algo y yo lo bloqueé de mi memoria?*»

Aun mientras estas preguntas saltaban en mi mente, le respondí con la verdad.

—Que yo recuerde, mi padrastro nunca me ha tocado ni ha hecho ninguna forma de avance sexual hacia mí.

—Bueno —dijo, poniéndose serena y actuando de forma más normal.

Pidió una copa de vino o una cerveza. Le dije que no teníamos y que no iba a ir a comprarlo. Le pregunté si me permitía orar con ella, ella aceptó, pero tan pronto dije *"Amen"* ella dijo que quería irse a su casa. Doug la regresó a su apartamento.

Al día siguiente recibí la llamada que esperaba diciéndome

que lo sentía mucho y que ya no habría – nuevamente – alcohol en la casa. Algo me conmovió dentro de mí al escuchar a mamá, y antes de darme cuenta de lo que le decía, le dije que ella necesitaba ayuda profesional. Le dije que la próxima vez que ella me llamara después de tomar, yo le llamaría a la policía para que le ayude. Colgué el teléfono temblando y sorprendida de mi arranque. Nadie jamás le había dicho a mamá que ella tenía un problema con la bebida. Y esto era un primer paso importante para mí – fue la primera vez que establecí un límite dentro de mi relación con ella.

Como solía pasar después de un episodio de una borrachera, las cosas se pusieron relativamente quietas con mamá y mi padrastro. La próxima vez que los vimos nos hicimos como si el incidente anterior nunca había pasado, que para mi estaba bien. Yo no quería continuar la conversación, ni los pensamientos que esa conversación engendró, tenía otras cosas en mi mente.

Doug y yo teníamos otra decisión grande que hacer – de quedarnos donde vivíamos o si nos íbamos a mudar. Comenzamos a orar sobre comprar una casa. Una cosa llevó a la otra y antes de darnos cuenta encontramos una casa en Franklin, Tennessee.

Mientras el papeleo se preparaba para la compra de nuestra primera casa, lo impensable ocurrió. A Doug lo despidieron de su trabajo. La estación de radio donde él trabajaba quería hacer un cambio de dirección en su programa matutino y sin él tener la culpa, lo despidieron. Esto fue un inconveniente desafortunado de la carrera de mi esposo – a veces los consultores pueden venir y cambiar el enfoque entero y el objetivo de una estación de radio, y antes de que te des cuenta te dicen, *"Este fue tu último programa."*

Para hacer las cosas aun peores, el hombre que despidió a mi esposo vivía a cuatro casas de la casa que estábamos comprando. No era una situación fácil para nosotros. Éramos amigos. A él lo habían puesto en una situación incómoda que le requería hacer cambios. Yo luchaba con mi enojo en su contra y sabía que el vivir en la misma vecindad y tener que pasar por su casa todos los días iba a ser un desafío para mí.

Luego, como solo Dios puede hacer, dentro de unos meses de mudarnos a nuestra nueva casa, una oportunidad se abrió para la reconciliación y restauración de esta relación. Mientras caminaba una tarde en la vecindad con mi hija, pasamos al hombre que había despedido a mi esposo. Él estaba caminando en la dirección opuesta así que no había oportunidad para evitarnos. Él sonrió y me saludó. Le respondí con una sonrisa, lo saludé y seguí caminando.

Luego de repente me encontré dando la vuelta y lo llamé. Él se volteó y yo tomé unos pasos hacia él.

—Yo necesito pedirte perdón. Yo he estado enojada contigo porque despediste a Doug —le dije sintiéndome incómoda.

Él dijo que él entendía y que él sabía que su esposa hubiera sentido lo mismo si él hubiera estado en la posición de Doug. Se disculpó de haber tenido que tomar esa decisión.

Me encontré queriendo ir en detalle, explicarme y justificar mis sentimientos por la manera injusta que yo sentí que trataron a mi esposo.

—Solo pide perdón y no te justifiques —me reprendió Dios en mi corazón.

Le dije que agradecía lo que él me dijo, y que sabía que estaba mal seguir aferrándome a mi enojo.

—Esta bien, Sheryl —me dijo mirándome—. Te perdono.

Nos sonreímos y le di las gracias. Nos volteamos y nos

fuimos por caminos separados.

Sentí un alivio al irme. Esta era la segunda vez que yo me pude expresar de manera saludable; primero con mi mamá, confrontando su problema con la bebida y estableciendo un límite, y ahora confrontando a alguien con quien yo estaba enojada, confesárselo y pedirle perdón. Yo pude hacerme entender y decir lo que sentía de una manera que honraba a Dios, honraba a la persona con quien yo hablaba y me honraba a mí misma.

La pérdida del trabajo de Doug fue un tiempo para que nuestra familia se estrechara y se desarrollara en fe. Aunque estábamos abiertos a la posibilidad de mudarnos, si es que un nuevo trabajo requería movernos, estábamos agradecidos con Dios por permitirnos quedarnos en nuestra nueva casa. Dentro de los tres meses, a Doug le ofrecieron trabajo en otra estación de radio cristiana local.

Lo que ahora sé

Establecer límites no tiene la intención de controlar a otros. Los límites son directrices para que tú sepas qué es aceptable y qué no es aceptable en tu propia vida.

Hasta que un alcohólico deseé recibir ayuda, lo único que puedes hacer es decidir cuáles serán tus límites personales con esa persona.

Finalmente estaba en un lugar de mi vida donde ya no quería barrer las cosas debajo de la alfombra.

La conversación y el límite que establecí con mamá fue un punto crucial en mi relación con ella.

El pedir perdón es una experiencia de humildad, y hay libertad en el perdón.

Hilos de esperanza

1. En oración considera un área en tu vida donde piensas

que necesitas establecer un límite. Escribe este límite junto con un plan realista de cómo puedes empezar el proceso de vivir dentro de este límite.

2. ¿Hay una persona en tu vida que tienes dificultad de confrontar con la verdad? Aunque no puedes ser responsable de sus decisiones, te puedes determinar orar por ellos diariamente y permitirte llegar a la raíz del porque tienes temor de hablarles la verdad.

3. Piensa en un momento cuando le pediste a alguien que te perdonara. ¿Cuál fue su respuesta?

4. Piensa en un momento cuando alguien te pidió perdón. ¿Cuál fue tu respuesta?

5. El perdonarnos a nosotros mismos suele ser más difícil que perdonar a los demás. ¿Hay un área de tu vida donde necesitas perdonarte a ti mismo? Lee 1ª Juan 1:9, Salmo 103:12 y Efesios 1:7.

CAPÍTULO 22
ENTRÉGALE LAS LLAVES

En cuanto a Dios, perfecto es su camino, y acrisolada la palabra de Jehová. Escudo es a todos los que en él esperan.

2ª Samuel 22:31

Aun mientras Dios estaba estrechando y desarrollándome en muchas áreas en mi vida personal, todavía luchaba con cuestiones relacionadas con mamá. Decidí hacer una cita de consejería con la directora del ministerio de mujeres en nuestra iglesia. Sentía que tenía piezas del rompecabezas dispersas de mi vida, y aunque algunas piezas cabían perfectamente en su lugar, otras piezas parecían pertenecer a otro rompecabezas por completo.

Yo anhelaba que las cosas fueran diferentes en mi relación con mamá. Yo quería lo que creía que otras mujeres tenían con sus mamás; una relación muy unida. Aunque mamá estaba cerca geográficamente, no me sentía cerca a ella emocionalmente.

Me parecía que mamá podía mantener una fachada exterior estable, pero no lo era emocionalmente ni en privado. La bebida la convertía en otra persona. Cuando estaba sobria, tenía buena relación con mi padrastro y con los demás. La vida parecía buena y segura. Ella mantenía su trabajo y su hogar siempre estaba ordenado y limpio. Era amigable y tenía un sentido del humor. Era confiable.

Cuando estaba bajo la influencia del alcohol, lo opuesto era cierto. Era sospechosa y se enojaba. Aludía a cosas horribles que supuestamente mi padrastro la hacía pasar, pero nunca daba detalles específicos. Hablaba de situaciones y de personas que la lastimaron u ofendieron en su pasado – su padre, su primer matrimonio, miembros de la familia, aun viejas amistades que ya no tenía. Si no parecíamos solidarios con ella, si no estábamos de acuerdo con ella, o si expresábamos una opinión diferente, dirigía sus diatribas hacia nosotros, recordándonos de todo lo que le habíamos hecho (o no) para lastimarla. Había un precio que pagar por no estar de acuerdo con ella, y ninguno de nosotros queríamos pagarlo. En fin, por lo general nos poníamos de acuerdo con ella o cambiábamos el tema.

Con su inestabilidad era imposible que ella fuera el tipo de mamá que yo anhelaba; y posiblemente la mamá que ella quería ser. Nunca sabía cuando iba a empezar a beber otra vez. Siempre me mantenía alerta. Me di cuenta que siempre decía y hacia cosas con la esperanza de recibir su aprobación, comprobando así mi lealtad hacia ella. Fue otro hábito con el que yo estaba cómoda – un hábito en el que me encontraba desde mi niñez.

Mis sesiones de consejería abrieron mis ojos a un concepto que cambió mi vida; yo necesitaba "entregarle las llaves" a mi esposo. Yo aprendo viendo, así que no me tardé en visualizarme intencionalmente dándole a mi esposo un juego de llaves. La idea detrás de esta frase me recordaba que mi esposo es mi cobertura. Dios diseñó al marido como cabeza de su casa y una de sus responsabilidades era proteger a la familia.

Todo este tiempo *yo* estaba encargada cuando se trataba de interrupciones de mi mamá. *Yo* también fui la que lidió con mi exmarido. *Yo* tenía las llaves de estas relaciones. *Yo* no le estaba permitiendo a mi esposo que me protegiera o me cuidara en estas áreas. Cuando algo sucedía con mamá o mi exmarido, yo siempre se lo platicaba a Doug, pero nunca se me ocurrió pedirle que él lidiara con la situación. Yo tenía temor de permitirle confrontar a cualquiera de los dos porque estaba insegura de cómo él lo iba a tratar. Aunque yo había madurado espiritual y emocionalmente, todavía tenía problemas de temor y ansiedad, particularmente cuando se trataba de confrontaciones con estas dos personas en mi vida. Yo sentía la necesidad de su aprobación y tomaba medidas drásticas para no hacerles enojar a los dos.

Mis sesiones de consejería me ayudaron a darme cuenta que yo tenía miedo que si le permitía a mi esposo tomar su lugar, él no sabría como "jugar el juego" que sin saber yo estaba jugando con ellos.

Hablé con Doug acerca de esto y le pedí perdón por no permitirle cubrirme en esta área. Hablamos de cómo esto debe ser en nuestro matrimonio. Los dos necesitábamos estar conscientes de este comportamiento y estar de acuerdo de cómo y cuando él necesitaba "las llaves." Me di cuenta que esto era una cuestión de confianza de mi parte. Yo necesitaba confiar en él, porque él haría lo que era mejor para mí. Yo necesitaba confiar que él estaba buscando ser guiado por Dios en cada situación. Era importante que yo viera como él lidiaba con situaciones. Cuanto más le daba las llaves, menos presión yo sentía. Esto me permitió disminuir la marcha, mirar a mi alrededor, y ver las cosas más claramente. Al hacerlo, algunas piezas del rompecabezas de mi vida comenzaron a caer en su lugar.

No ocurrió de la noche a la mañana, fue un proceso. Pero con el pasar el tiempo, se ha convertido más en un instinto natural. Nos ha hecho un equipo más fuerte. Entregarle a mi esposo las llaves, emocional y espiritualmente, requiere confianza, y es enormemente diferente a ser dependiente. Aunque he luchado con la codependencia en el pasado, este proceso permite el trabajo en equipo y el crecimiento espiritual. Trabajamos juntos, y aun más importante, yo confío que Doug vela por mis intereses. Él sabe que últimamente él es responsable por la manera que nos guía.

Lo que ahora sé

La relación que tenía con mi mamá solo fue una relación superficial. Había paredes que no había visto anteriormente.

Fue más fácil entregarle a Doug las llaves con situaciones referentes a mi mamá, que con situaciones en relación a mi exmarido. La razón tenía que ver con mi nivel de temor y con mi TEPT.

Dios creó a los hombres para ser protectores y proveedores. Al permitir que mi esposo me ayudara a tomar decisiones y apoyara los límites en los que acordamos, yo podía estar bajo su cobertura y permitirle cumplir uno de sus papeles ordenados por Dios como esposo.

Hilos de esperanza

1. El comportamiento adictivo afecta mucho más que al adicto, sea alcohol, drogas, pornografía, juegos de azar o cualquier otro comportamiento adictivo. ¿Hay una adicción en tu vida con la cual necesitas ayuda?

2. Una de las raíces de la codependencia es ver a otros con más valor de lo que te ves a ti mismo. Lee Jeremías 1:5, Romanos 8:35-39 y Colosenses 1:13-14.

3. Si estás casada(o), ¿Le has entregado las llaves a tu cónyuge? ¿Por qué sí o por qué no?

4. ¿Hay una relación en tu vida que te gustaría que fuera más profunda de lo que es ahora? Si es así, ¿Qué que puedes hacer, realísticamente, para crear cambios positivos en esa relación?

5. Anima a alguien esta semana con una nota, tarjeta o llamada inesperada…solo porque sí.

CAPÍTULO 23
LA MUDANZA QUE ABRIÓ LA PUERTA

Buscad a Jehová y su poder; buscad su rostro continuamente. Haced memoria de las maravillas que ha hecho, de sus prodigios, y de los juicios de su boca.

1ª Crónicas 16:11-12

Mientras yo encontraba la paz en el nuevo concepto de "entrégale las llaves", Dios también me estaba ayudando en poner algo de distancia física entre nosotros y mamá y mi padrastro. Después de seguirnos desde California hasta Nashville, ellos decidieron mudarse a otro estado. Esta decisión fue repentina e inesperada. Nos informaron de sus planes, y dentro de unas semanas se habían mudado.

Algunos meses después yo recibí una llamada embriagada y emocional de mamá diciendo que mi padrastro la había dejado. Esto fue sorprendente para mí. Él nunca la había dejado antes, y que yo supiera, nunca la había amenazado con dejarla a lo largo de todo su matrimonio de treinta y dos años. Ella siempre fue la que se iba, pero regresaba después de unas horas.

Me pidió si mi hermana y yo podríamos tomar un vuelo para estar con ella. Ella pagaría el pasaje. Dentro de unas horas cada una teníamos un boleto de ida y vuelta y estábamos en camino para estar con nuestra mamá. Aunque se mantuvo sobria el tiempo que mi hermana y yo estuvimos con ella, fue una visita estresante. Yo estaba agradecida que mi hermana estuviera allí conmigo. Con una diferencia de edad de siete años, teníamos diferentes memorias y experiencias al crecer con mamá. Ahora como adultas, unidas para ayudar a nuestra mamá, esta visita logró ser una buena oportunidad para que nos reconectáramos.

Juntas intentamos hacer sentido de las cosas. Las dos queríamos finalmente saber la verdad acerca de las cosas de las cuales nuestra mamá aludía durante sus diatribas ebrias. ¿Realmente fue mi padrastro una persona mala y controladora? ¿Le fue infiel? ¿Abusó de ella?

Cuando la presionamos para que nos diera ejemplos del comportamiento inaceptable de mi padrastro, mamá ofreció dos. En relación a su naturaleza controladora, ella dijo que él estaba a cargo del control remoto de la televisión y que ella no podía ver los programas que ella quería ver. Si ella sacaba algo para la cena que él no quería, ella lo tenía que regresar a su lugar y comer lo que a él se le antojara.

Ella insistía que él era un mujeriego descarado, que abiertamente coqueteaba con las cajeras del banco y de la tienda de comida, y con las meseras. Nos dijo que él toqueteaba el pecho de las mujeres en público. Nosotras estábamos perplejas.

—¿Por qué todas estas mujeres le permitían hacer estas cosas en público? —le preguntamos.

—Porque a todas ellas les gustaba —respondió.

Esta conversación encendió múltiples luces rojas en mi mente. Yo había conocido a mi padrastro desde los seis años de edad. En todos esos años, yo nunca había escuchado ni atestiguado que él actuara inapropiadamente, ni aun coqueteara con otra mujer. Si él era el mujeriego controlador como le acusaba mamá, él hacia un trabajo maravilloso en ocultarlo de mí. Cuando nuestra visita terminó, me fui con tristeza por mamá pero contenta que pude establecer una conexión con mi hermana menor. Yo estaba completamente perpleja de la vida que llevaban mamá y mi padrastro juntos.

Recibí una llamada de mi padrastro haciéndome saber que él había regresado a Tennessee. Él se oía indeciso en el teléfono. No estaba seguro donde quedaba parado conmigo. Luchaba con culpa y vergüenza de no haber podido controlar la situación. Él y mamá eran maestros en barrer las cosas debajo de la alfombra y no lidiar con ellas directamente. También eran muy buenos en no dejar que otros vieran su vida privada. Aparentemente, todo llegó a un clímax durante su última discusión intensa.

Unos pocos meses después mamá decidió que quería regresarse a Tennessee, aunque ni ella ni mi padrastro estaban interesados en una reconciliación. Siguen separados hasta el día de hoy. Mamá tenía miedo y se sentía sola y no había estado sola desde su primer matrimonio a los quince años, y no le gustaba estar sola. Sin alguien que le ayudara a mantener la estabilidad, se volvió paranoica. Estaba convencida que alguien la estaba persiguiendo, que su teléfono estaba intervenido y que habían personas que *le querían hacer daño*.

Comencé a reconocer patrones de comportamiento en las vidas de mamá y mi padrastro. Frecuentemente se mudaban de una ciudad a otra, de un estado a otro, o simplemente de un apartamento a otro – siempre porque alguien hizo algo que los lastimó o los ofendió. Mamá dejó trabajos por causa del comportamiento de otro o por un desaire que ella percibió.

¿Me preguntaba si otras personas realmente tenían la culpa, o si solamente eran los sentimientos de mi mamá y sus percepciones? ¿Realmente fue mi padrastro un manipulador y controlador? ¿O sería que los patrones que empezaba a ver eran una combinación de ambas personalidades? Ninguno de los dos tenían amistades consistentes o de largo plazo. La única persona que yo conocía que era amiga de mamá fue en la preparatoria, y ella aparentemente la había ofendido. Mamá terminó la relación sin confrontar a la mujer dándole sus razones.

Fue como que si ellos siempre estaban buscando un lugar o una situación mejor. Tenían la tendencia de buscar lo negativo en una persona o situación, y regularmente la encontraban. Parecían estar esperando que los lastimaran, y solo esperaban el momento preciso donde otros tomarían ventaja de ellos. Desde mi punto de vista, siempre se mantenían a la guardia y sospechosos el uno del otro y de los demás.

Lo que ahora sé

La relación que mamá y mi padrastro tenían fue muy complicada y quizá yo nunca lo entenderé del todo.

Nunca he parado de amar, querer y orar por mamá y mi padrastro.

Es mi oración que mamá y mi padrastro busquen a Dios de todo corazón, con todo su ser y con toda su mente. El Salmo 9:10 dice, *"En ti confiaran los que conocen tu nombre, por cuanto tu, oh Jehová, no desamparaste a los que te buscaron."*

Hilos de esperanza

1. ¿Cuáles son algunas luces rojas o advertencias que has visto en relaciones pasadas que has ignorado?

2. ¿Has ignorado luces rojas en tu pasado y después las confrontaste? Si es así, ¿Cuál fue el resultado?

3. ¿Cómo es que tu familia trata con la conducta no saludable dentro de la familia?

4. Lee 1ª Juan 1:9. Enfócate en la verdad de esta escritura; no solo dice que *algunos* pecados son perdonados. Dice

pecados – y punto – y que Dios *es* fiel y justo para perdonarnos.

5. ¿Al presente te encuentras barriendo algo debajo de la alfombra para no tener que lidiar con alguna situación? Si es así, ¿Cuáles dos cosas puedes hacer para empezar el proceso de reconocerlo y de la restauración?

CAPÍTULO 24
MÁS...

Hubiera yo desmayado, si no creyese que veré la bondad de Jehová en la tierra de los vivientes. Aguarda a Jehová; esfuérzate, y aliéntese tu corazón; si, espera a Jehová.

Salmo 27:13-14

Tan pronto y mamá se mudo de regreso a Nashville, rápidamente se convirtió en otra persona que yo no conocía. Empezó a usar palabras y frases que yo jamás le había escuchado decir. Perdió mucho peso y comenzó a ponerse bluyines apretados y blusas cortas. Se cambió el peinado y empezó a hacerse amiga con jóvenes en sus 20's. Y comenzó a beber...bastante.

Las llamadas ebrias no pararon, pero ya no había disculpas ni promesas de no tener bebidas alcohólicas en su casa. Comenzó a salir con un hombre mucho más joven quien era un alcohólico y, sospeché, un adicto a las drogas. El joven no tenía trabajo, no tenía licencia para conducir, y vivía con su mamá – una mujer que, según mamá, la odiaba. Mamá me contó de su relación y como ellos tenían que salir en secreto. Lo contaba como si fueran dos adolescentes que estaban enamorados pero sus papás no lo permitían.

Mamá conoció a dos jóvenes en su trabajo. Según ella, ellos querían usar su amistad con ella para atraerla a la prostitución en una zona roja bien conocida en Nashville. Ella estaba convencida que su novio estaba involucrado en el plan y decidió hacerle una trampa para que lo confesara. Ella pensaba que la mejor manera de lograrlo sería emborrachándolo. Y logró emborracharlo al punto que se quedó dormido. Le dio miedo que se haya tomado una sobredosis, y en un momento de pánico llamó al emergencia (911). Horas después en el hospital el joven recobró el conocimiento.

Mamá nos dijo que sus tácticas funcionaron – que su novio había confesado su parte en el complot en un mensaje que le dejó en su contestador automático. Yo estaba ansiosa por escuchar el mensaje para ver si había una pizca de verdad que corroborara la historia escandalosa de mamá.

Debe venir sin mucha sorpresa el hecho de que el mensaje en su contestador automático no contenía nada remotamente relacionado a una presunta red de prostitución. Todo lo que decía el mensaje fue, *«¿Qué pasó? ¿Dónde está mi chaqueta? Tenemos que platicar. ¿Cuándo te puedo ver? No sé qué paso. Necesito mi chaqueta de vuelta. Regrésame la llamada.»*

Desde ese momento en adelante, se puso completamente paranoica. Ella pensaba que su apartamento estaba intervenido con vigilancia de video y audio. Vivía con el temor de que los dos muchachos de su trabajo la estaban grabando con video y esperando para forzarla a la prostitución. A petición de ella, Doug y yo fuimos a su apartamento y buscamos en cada agujero, en su techo y paredes de estuco. Ella quería que llenáramos cada agujero que encontráramos con pasta de dientes.

No había agujeros. No había cámaras, ni ningún dispositivo de grabación. No había nada, absolutamente nada. Pero los hechos tienen poco efecto con alguien que sufre de paranoia. Mi corazón me dolía por la mujer en que se estaba convirtiendo mamá.

Ella seguía convencida de que su novio estaba involucrado en el complot con los otros dos jóvenes de su trabajo, así que terminó la relación con él y buscó una orden de protección en su contra. La acompañamos a la corte para conseguir una orden de restricción. Al conducir al palacio de justicia, nos dijo que quizá iba a ver algo en el sumario policial acerca de la noche en el que el muchacho se emborrachó y se desmayó y ella llamó a emergencias (911), que quizá me iba a molestar.

—Para hacerlo que confesara, yo estuve de acuerdo en fumar *crack* con él —me dijo—. Pero realmente no lo fumé. Solo fingí que lo fumé.

Yo no estaba segura de cómo responder a esta confesión, pero no creía que ella *solo fingía*.

Al entrar a la sala de justicia, sentí mi ansiedad crecer. No tenía ni idea de qué otras sorpresas podrían surgir. También tenía curiosidad de ver al hombre con el que se había involucrado mamá. Lo espié sentado al otro lado del salón. Era de mi edad, pero parecía mucho mayor. Se veía demacrado y desgastado.

Su madre también estaba allí – una mujer mayor, bien vestida y con un ceño permanente en su cara. Era obvio que ella *no* quería a mamá.

El juez mandó a mamá y a su ex-novio a testificar. Como nadie discutió ni expresaron desacuerdo, el juez declaró las expectaciones, los dos estuvieron de acuerdo, y la orden se puso en efecto. Eso fue todo.

Todo el drama en el que mamá estaba enredada la convenció en mudarse de nuevo. No pasó mucho tiempo que hizo planes y se mudó. Durante todo ese episodio, yo permití que mi esposo fuese mi protector. Él *tenía las llaves* y cuando mamá llamaba, él contestaba primero. A menudo permitíamos que la llamada se fuera al buzón de mensajes. Si se oía sobria, le regresaba la llamada, sino la ignoraba. En ocasiones, se emborrachaba y hacia su ronda de llamadas: primero a mi padrastro, luego a mi hermana y finalmente a mí si no estaba satisfecha con sus llamadas. No tengo duda de que después llamó a los demás miembros de la familia o a los amigos hasta que eventualmente ellos también le pusieron un fin.

En una ocasión, me llamó cuando estaba en un sueño profundo y yo accidentalmente contesté el teléfono. No me tomó mucho tiempo para darme cuenta que estaba ebria.

—Perdón, mamá —le decía—. Pero estoy cansada y tengo que trabajar en la mañana, así que no puedo continuar esta conversación ahora.

Ella se enojaba conmigo y colgaba, pero segundos después llamaba de nuevo. Yo despertaba a Doug y él le decía que estábamos durmiendo y si tenía una emergencia debería de llamar a la policía. Ella respondió diciendo, *"Oh, perdón que los molesté,"* y colgaba.

Mis límites estaban establecidos y no pasó mucho tiempo para que mamá se diera cuenta que para poder hablar conmigo, tendría que pasar por mi esposo primero. Como resultado, las llamadas se hicieron menos frecuentes. Cuando llamaba y dejaba un mensaje sobrio, yo le regresaba la llamada; estando Doug allí, dispuesto a tomar el teléfono si ella empezaba a oírse ebria o enojada. Esto sigue siendo nuestra costumbre hasta el día de hoy.

Al empezar a establecer límites en mi relación con mamá, la consejería que recibí y el tiempo que me pasaba escribiendo, han puesto una división profunda entre mamá y yo. Ella había cortado toda comunicación conmigo por varios años, y solo recientemente hemos empezado el proceso lento de comunicarnos nuevamente.

Los límites que delineé no fueron fáciles de establecer, especialmente en mi corazón, pero han ayudado a reducir mi nivel de ansiedad y me han dado el espacio que había necesitado para empezar el proceso de sanidad y restauración. Hay momentos donde me encuentro deseando que todo volviera a ser como era antes, pero yo sé que eso no es saludable. Mamá tiene que lidiar con sus adicciones y sus problemas emocionales antes de que nosotras podamos aun considerar como sería una relación de madre e hija. Yo amo a mamá y no he perdido la esperanza por ella. Yo sé que Dios está en control, pero no le puedo dar la ayuda que ella necesita, no la puedo salvar. Ella necesita hacer esas determinaciones por ella misma.

Lo que ahora sé

Más allá de como Doug y yo nos sentíamos acerca de la situación de mamá, sabía que era real para ella, y esa es la razón por la cual continuamos ayudándola como mejor podíamos con los límites que habíamos establecido.

Para que yo aceptara la relación con mamá, tenía que lamentar la pérdida de la relación que yo deseaba.

Ninguna medida de conducta indulgente cambiara tu situación o aliviara tu dolor, pero lo más seguro es que arruinará relaciones y creará más problemas para ti.

Aunque mi mamá no ha sido diagnosticada, hasta donde yo sé, estoy segura que experimentó una crisis emocional después de su separación con mi padrastro que contribuyó a su paranoia y comportamiento extraño.

Siempre hay esperanza. Isaías 43:25 dice, *"Yo, yo soy el que borro tus rebeliones por amor de mi mismo, y no me acordare de tus pecados."*

Hilos de esperanza

1. ¿Hay una persona en tu vida con la que deseas tener una conexión más profunda y cercana, pero es imposible dado a las circunstancias? Escribe el nombre de la persona y comprométete en orar regularmente por él o ella y por la situación.

2. ¿Has sido testiga(o) de una transformación completa en lo físico, emocional o espiritual de alguien que quieres? ¿Fue algo positivo o negativo? ¿Cómo te impactó esto personalmente?

3. ¿Has tenido que lamentar algo que querías o esperabas de una relación con un miembro familiar?

4. Describe lo que crees y sientes que significa el estar de luto por una relación.

5. Lee el Salmo 31:9, Salmo 147:3, 2ª Tesalonicenses 2:16-17 y Juan 14:27.

CAPÍTULO 25
LAUREN

Estad son las cosas que habéis de hacer: Hablad verdad cada cual con su prójimo; juzgad según la verdad y lo conducente a la paz en vuestras puertas. Y ninguno de vosotros piense mal en su corazón contra su prójimo, ni améis el juramento falso; porque todas estas cosas son cosas que aborrezco, dice Jehová.

Zacarías 8:16-17

Mi hija Lauren estaba en su último año de la preparatoria y preparándose para graduar en mayo del 2006. Al llegar la primavera, los planes para la ceremonia y la fiesta de graduación estaban en marcha, yo me encontraba en un caos emocional. No solo entraba yo en una nueva etapa con la vida con mi hija, sino que también estaba preocupada que su papá esté presente, junto con mi hermana, habiendo sido él acusado de abusarla sexualmente. Lauren no sabía nada acerca de las acusaciones. Yo había logrado establecer ciertos límites entre mi familia y el papá de mi hija…hasta ahora. Pero la celebración de su graduación tenía el potencial de quitarlos.

La graduación de Lauren abrió la puerta para que yo tuviera una conversación muy necesaria y que quedaba pendiente desde hacía tiempo con mi hermana Shelli. Fue una conversación difícil. Yo estaba destapando un tema que habíamos cuidadosamente dejado debajo de la alfombra por muchos años.

Le pedí a Shelli que me perdonara por no protegerla. Ella me perdonó y me dijo que me había perdonado hace muchos años.

Hablamos de todo – desde la primera vez que él la tocó inapropiadamente, hasta el día que ella y papá me contaron de los incidentes. Hubo muchas lágrimas derramadas durante esta conversación. Lamento haber permitido que esta situación se hubiera dejado debajo de la alfombra por tanto tiempo. Al no haberlo platicado con nadie, con excepción de mi esposo, yo permití que esto me mantuviera cautiva. Ahora yo empezaba a entender el poder de perdonarme a mí misma.

Le mandé un correo electrónico al papá de Lauren, haciéndole saber que mi hermana y mi familia estarían allí. Cuidadosamente evité decir algo que pudiera haberse malinterpretado como acusación o insinuación. Yo estaba preparándome para mandarle otro correo electrónico, diciéndole que necesitaba hacer planes para ver a Lauren antes o después de la fiesta de graduación. Solo la idea de tenerlo en la casa junto con mi familia sería demasiado difícil para mí. Yo quería que mi familia, especialmente mi hermana Shelli, sean parte de este día especial en un medio ambiente seguro y cómodo. Si mi exmarido estuviera allí, yo sabía que sería increíblemente incomodo para todos los involucrados.

No tuve que mandar el segundo correo electrónico. Tan pronto se dio cuenta que mi hermana y familia iban a estar presentes, me informó que no estaba seguro de poder venir. Ya había empezado a alejarse de Lauren y yo tenía temor de que si él no se hacía presente en su graduación, eso seguramente traería mas distanciamiento entre los dos. Yo quería confrontarlo a causa de esto, pero confieso que fue una lucha emocional porque sabía que Lauren quería que su papá tomara parte de este logro en su vida. Por otra parte, si no venía, no me tendría que preocupar por ninguna posible confrontación entre él y mi hermana.

Desafortunadamente, aún no le había entregado completamente las llaves de esta relación a mi esposo.

Todavía me mantenía aferrada a la ansiedad y el estrés de intentar estar en control. Como Doug no tenía las llaves, él no podía cubrirme espiritualmente del todo como Dios lo había establecido.

Pocos días de nuestro intercambio de correos electrónicos, mi exmarido me llamó y me dijo que quería explicar porque él había estado alejándose de Lauren. Me dijo que estaba enfermo; que le habían diagnosticado con la enfermedad de Parkinson. Lo presioné para que me diera más detalles, pero él se mantuvo impreciso. Él era un ingenioso cuentista y tenía la habilidad de entrelazar una pequeña verdad con una mentira, era convincente y yo nunca sabía que creer. Aunque dudaba de su historia, una parte de mi cuestionaba si él decía la verdad.

Le dije que lamentaba que estuviera luchando con eso, y que deseaba que las cosas mejoraran para él.

Él le mandó un mensaje de texto a Lauren diciéndole que no podría asistir a su graduación presentado el argumento de su salud. La noche anterior a su graduación, él le mandó un mensaje de texto sencillo que decía, *"Felicidades."* Esto hirió a Lauren profundamente. Aunque yo estaba inmensamente aliviada de que él no iba a venir, sentía el dolor que Lauren sentía al no tener a su papá genuinamente reconociendo su logro más grande que había tenido hasta ese momento de su vida.

Después de ese mensaje de felicitaciones por texto, todo contacto y apoyo financiero llegó a un fin. Las llamadas telefónicas no eran regresadas, los correos electrónicos no eran respondidos, los mensajes de texto eran ignorados y las cartas certificadas eran regresadas. Fue como si se lo hubiera tragado la tierra. Ningunos de sus familiares o amigos sabían dónde estaba ni que estaría haciendo.

Yo estaba triste por Lauren, pero también egoístamente

aliviada. Después de todos esos años de ansiedad, temor y caminar sobre cascaras de huevo, finalmente estaba en una posición donde no tendría que comunicarme con él jamás.

Después de la graduación empezó un tiempo intenso de ayudar a Lauren a prepararse para la transición a la universidad. También sentía que era un tiempo apropiado para que ella buscara consejería, especialmente por causa de la desaparición de su papá y como eso la estaba afectando. Además, era tiempo que yo me abriera y le compartiera todo – mi matrimonio con su papá, la acusación de mi hermana – y contestarle cualquier pregunta que tuviera. También quería preguntarle sobre su relación con su papá. Sentía que sería mejor para las dos si tuviéramos a un consejero para guiarnos en las profundidades de los detalles.

Había mucho que ella ya sabía o que sola había descifrado a través de los años. Lo más difícil fue contarle sobre la situación con Shelli. Ella no tenía ni idea. Ella no estaba segura de qué pensar o sentir. De todos mis hermanos, Shelli fue la persona con la que Lauren se sentía más allegada. Honestamente, no sé como nadie en la familia no le hizo ningún comentario a Lauren, ni dicho algo acerca de la situación a través de los años. Supongo que demuestra el poder de tener la habilidad de barrer situaciones no placenteras debajo de la alfombra. Pero Lauren se estaba convirtiendo en una adulta. Se estaba preparando para irse a la universidad. Yo no quería que ella escuchara todo esto de otra persona – ella necesitaba escucharlo de mi.

Lo que ahora sé

Estoy agradecida que mi hermana y yo finalmente "levantamos la alfombra" y platicamos sobre la acusación.

Yo sé que soy perdonada por Dios y por mi hermana, pero siempre lamentaré mi respuesta a la acusación y situación.

El prepararse emocionalmente para que tu hija(o) se gradúe

de la preparatoria y seguir adelante en la vida no es fácil, y cada padre o madre lidiara con sus emociones de maneras distintas.

El entregarle a mi esposo las llaves ha hecho nuestra relación más solida.

Hilos de esperanza

1. ¿Hay algo en tu pasado que necesitas confrontar, reconocer o confesar?

2. Lee 1ª Juan 1:9 y Santiago 5:16.

3. El confrontar situaciones difíciles no es fácil. Escribe un plan práctico junto con referencias bíblicas de cómo confrontar una situación o persona desafiante.

4. ¿Alguna vez te has desilusionado de alguien que no reconoció ni celebró algo que lograste o una meta cumplida en tu vida? ¿Cómo respondiste a aquello, y por qué creesque esto te afectó de esa manera?

5. Poner a un lado nuestras desilusiones y nuestros sentimientos no es una reacción natural, pero podemos reconocer nuestros sentimientos sin permitir que controlen nuestra reacción o conducta. Lee Filipenses 4:6-8.

CAPÍTULO 26
LA FE Y EL SOLTAR

Torre fuerte es el nombre de Jehová; a él correrá el justo, y levantado será.

Proverbios 18:10

El verano del 2006 fue una tiempo de emociones – platicarle a Lauren de mi relación con su papá, la acusación de abuso sexual, la desaparición de su papá, las preparaciones (emocionales y físicas) para que ella empiece la universidad – fue mucho con que lidiar. Ella había hecho planes de ir a una universidad que estaba a menos de 90 minutos de distancia, pero la idea de que ella estuviera fuera de la casa por un tiempo extendido fue difícil para mí.

El día llegó cuando empacamos todas sus cosas y nos fuimos para llevarla a la universidad. Las malas noticias llegaron tan pronto llegamos al campus. El dormitorio que le asignaron fue abruptamente cerrado debido a que recientemente descubrieron un problema de moho. Horas pasaron antes que se convocara una reunión entre el presidente de la universidad, los estudiantes y los padres. Había dos alternativas. Los estudiantes podrían quedarse en un hotel a pasos del campus hasta que un dormitorio estuviera asegurado, o podrían elegir quedarse en un hotel más fino que estaba a unos 10-15 minutos del campus con automóvil.

Yo estaba desilusionada y ansiosa. Esta no era la forma que yo había visualizado a mi bebé empezar su primer mes de universidad. Hablamos con el presidente de la universidad y decidimos que el hotel a pasos de la escuela sería la mejor opción. El estar más cerca del campus parecía ser la opción más lógica y segura, y el presidente nos aseguró que la policía del campus estaría disponible si se llegaran a necesitar como una medida adicional de seguridad.

Los primeros meses fueron una lucha. Intenté poner una cara *valiente de mamá*, especialmente cuando me encontraba con otros. Pero en la noche cuando todos estaban dormidos, yo iba a su recamara, me acostaba en su cama y lloraba lágrimas que solo una madre puede entender. Yo oraba que Dios la protegiera y la guiara.

Dentro de pocos días de empezar la universidad, Lauren conoció a un joven y empezó una relación seria con él. Esta relación llegó de la nada e iba demasiado rápido. Durante sus años escolares en la preparatoria, las amistades de Lauren eran mayormente de grupo. Salió en pocas citas, pero nunca buscó una relación seria. Durante su último año de la preparatoria leyó el libro, *«Le dije adiós a las citas amorosas»* e hizo una decisión firme de que la siguiente persona con quien saliera sería su esposo.

No pude señalar que era, pero me sentía inquieta acerca de este muchacho y su prisa en tener una relación seria con mi hija. Lauren dijo algunas cosas que encendieron luces rojas en mi mente. Yo no podía entender porque ella no las podía ver. Yo quería respetar y confiar en sus decisiones, y no la quería alejarla de mí. Luché por mantener un equilibrio entre la fe, la confianza, soltarla, y el instinto de madre. Doug y yo oramos diligentemente por este muchacho, y le pedí específicamente a Dios que me ayudara a verlo y amarlo como Él lo hace, en vez de cómo yo me sentía.

La primera vez que pasé tiempo con el novio de Lauren, reconocí rasgos similares a los que tenía el papá de Lauren; sin la ira y la violencia, pero la necesidad de tener una *historia grande*. Sus historias siempre parecían escandalosas o lo pintaban a él como una víctima. Tal como el papá de Lauren, nada malo que pasaba era su culpa. Él se decía ser cristiano, pero yo no podía ver fruto de ello en su vida. Él no estaba interesado en hacer estudios bíblicos o devociones porque, según él, ya había leído la Biblia. Él decía conocer la Biblia, pero nunca podía expresar nada acerca de su fe.

Doug y yo le hicimos ver estas luces rojas a Lauren, pero ella estaba determinada a hacer que esto marche hacia adelante. Ella hizo lo mejor que pudo para hacer que él se viera bien a nuestros ojos. Lo invitamos a la casa a cenar varias veces, y él se colaba en varias salidas de familia. Cada vez más oraba que Dios me ayudara a verlo a través de Sus ojos y no los míos.

Yo nunca me sentía en paz con él. Estaba ansiosa y tenía temor por Lauren. Yo no creía que él abusaría de ella físicamente, pero sabía que este no era el hombre que yo había estado orando para Lauren pase toda su vida con él.

Lo que ahora sé

Nunca pares de orar por tus hijos, nunca pares de hacer preguntas, y nunca te des por vencida(o).

1ª Pedro 5:7 dice, *"echando toda vuestra ansiedad sobre él, porque él tiene cuidado de vosotros."*

Encontrar el balance de ser padre a un joven de edad universitaria suele ser complicado y en ocasiones angustioso. Pero si se hace con las intenciones correctas, con amor y oración, es posible.

Estoy contenta de haber compartido abiertamente mis preocupaciones con mi hija en vez de barrer mis sentimientos por debajo de la alfombra.

El hablar la verdad en amor involucra conversaciones incómodas.

Hilos de esperanza

1. ¿Has estado en una situación donde otros a tu alrededor vieron cosas que tu no viste o que tu escogiste ignorar?

2. ¿Has confrontado a alguien cuando percibiste luces rojas en cuanto a decisiones o relaciones? ¿Cuál fue su respuesta?

3. ¿Cómo te balanceas al intentar controlar una situación para obtener un resultado deseado, y confiar en la voluntad y el tiempo de Dios?

4. Lee Juan 14:27, Salmo 27:14 y Proverbios 3:5-6.

5. ¿Has hecho una decisión que ahora lamentas? ¿Estás preocupada(o) de que alguien a quien tu quieres pueda tomar la misma decisión? ¿Qué son algunas cosas que puedes hacer para compartir tus preocupaciones con esta persona?

CAPÍTULO 27
PÁNICO Y TEMOR

Cuando pases por las aguas, yo estaré contigo; y si por los ríos, no te anegaran. Cuando pases por el fuego, no te quemaras, ni la llama ardera en ti.

Isaías 43:2

En diciembre del año 2006, Lauren estuvo en casa durante sus vacaciones navideñas. Me fue un alivió tenerla en casa por un tiempo extendido sin su novio allí. Era cerca de la medianoche. Doug, Garic y yo estábamos dormidos. Lauren estaba en el cuarto viendo televisión.

Me desperté con un espanto cuando Lauren corrió a nuestra recamara.

—¡Mamá! —exclamó—. ¡Levántate! ¡Alguien está golpeando la puerta de enfrente y esta gritando tu nombre!

Me tropecé al bajar de la cama, no enteramente consciente y olvidando que Doug estaba dormido a mi lado. Me golpeé con la vitrina al correr hacia la puerta de entrada, resultando en un grande y doloroso moretón en mi muslo por semanas. El llanto de una mujer penetró mi consciencia adormecida al acercarme a la puerta.

—¡Sheryl, ayúdame! ¡Sheryl, ayúdame! —repetía la voz vez tras vez.

Me fijé por la mirilla pero no pude ver a nadie. La voz se oía como la de mi mamá, pero esa conclusión no tenía sentido. Ella se había mudado a otro estado. Si ella era la persona golpeando mi puerta, ¿Cuándo regresó a Tennessee? Quizá no era mamá, pero la persona que fuera obviamente me conocía. Yo tenía miedo. Comencé a entrar en un pánico. Pero de una cosa estaba segura – yo no iba a abrir esa puerta hasta ver quién era.

De repente el golpeteo se cambio a la ventana de la recamara de mi hijo, que estaba orientada hacia el porche delantero. Corrí para ver por esa ventana, pero no pude ver a nadie. La persona continuaba llamando mi nombre, pero esta vez había regresado a la puerta de entrada. Regresé corriendo a la puerta de entrada, pero cuando llegué ya se había regresado a la ventana. ¡Yo estaba aterrada!

Fui al teléfono y marqué al 9-1-1. Doug ahora había despertado y venía hacia mi desde la recamara. Por equis razón yo ni consideré despertarlo.

—911; ¿Cuál es su emergencia? —preguntó la voz al otro extremo del teléfono.

Yo expliqué lo que pasaba mientras intentaba darle un vistazo a la mujer por la mirilla. Luego la vi.

—Creo que es mi vecina —le dije a la operadora—. Pero no estoy segura.

Nuestra vecina se había mudado a su casa hacía poco más de un año. En la vecindad se sabía que ella trabajaba en la industria de entretenimiento adulto y que estaba involucrada con páginas pornográficas en Internet. Ella previamente me había dicho que estaba involucrada en el desarrollo empresarial y que viajaba mucho. Incluso hasta bromeaba conmigo diciéndome que la gente en ocasiones asumía que ella estaba en ciertas líneas de negocios simplemente porque había modificado ciertas partes de su cuerpo.

Yo había hecho la decisión de ser amigable con ella a pesar de la profesión que eligió, pero nunca tocaba el tema con ella. Yo no quería que ella se sintiera incómoda. La única razón que se me ocurría del por qué Dios le permitió mudarse a mi vecindad, y al lado de nuestra casa, fue para que yo me acercara a ella y le ministrara. Yo le llevaba comida cuando se enfermaba, la iba a buscar al hospital cuando necesitaba que la lleven a su casa, e intenté hacerle plática cuando la veía afuera, aunque fuera un simple, *"Hola."*

Ella nunca reveló su trabajo *verdadero*, y yo le dejaba creer que no tenía ni idea. Pero sí conocía la verdad, y además habían otras luces rojas que me hacían desconfiar de ella. Yo mantenía la relación con ella a una distancia.

Creí que la operadora del 9-1-1 me dijo que abriera la puerta y le diga que la policía estaba en camino. ¡Perdí los estribos! Le aventé el teléfono a Doug, puse mi espalda firmemente contra la puerta y dije, "No puedo abrir la puerta." Empecé a llorar, mientras Doug intentaba decirme que no necesitaba abrir la puerta.

—Lo único que necesitas hacer es decirle que la ayuda viene en camino —me dijo.

Me fijé por la mirilla nuevamente y la vi parada en el porche.

—La policía viene en camino —le dije por la puerta.

—Está bien —me susurró, regresándose a su casa.

Vimos por la ventana cuando momentos después varios carros policiales llegaron. Solo abrimos la puerta de entrada cuando vimos a un policía parado cerca de nuestro lado del césped. Había un par de tacones de aguja cerca de los escalones de nuestro porche. Se los llevé al policía.

—Creo que estos le pertenecen a nuestra vecina —le dije—. ¿Podría asegurarse de que se los devuelvan?

—¿Nos puede explicar qué pasa? —le preguntó Doug.

El oficial nos dijo que la mujer había dicho que había sido atacada y robada por una pareja que ella había invitado a su casa. Eso fue todo lo que él nos podía decir por ahora.

Al día siguiente la vimos afuera, y le pregunté si estaba bien. Me dijo que lamentaba el hecho y se disculpó por espantarnos. Yo también le pedí disculpas por no abrir la puerta, pero que no estaba segura quien era. Yo tenía temor e intentaba proteger a mi familia.

—Se fueron después del ataque —explicó—. Mi bolsa estaba en el carro, y mi celular estaba en mi bolsa y no tengo un teléfono de línea fija. Es por eso que vine a tu casa. Yo quería llamar a la policía.

Algo cambió dentro de mí esa noche, no lo podía explicar ni entender. Continuamente me preguntaba, ¿Por qué Dios permitió que esta mujer se mudara al lado de nuestra casa? Yo me sentía incómoda fingiendo que no sabía quién era y lo que hacía. No le tenía confianza desde un principio, y este incidente no hizo nada para cambiar mi opinión. Intente sacarle sentido, pero no parecía tener ningún sentido.

Lo que ahora sé

Yo estaba intentando encontrar el balance de amar al pecador, pero odiar el pecado. Yo no quería juzgarla por causa de sus decisiones. Después de todo, ¿Quién de nosotros está sin pecado?

Mientras luchaba en mi mente con decirle que yo conocía la verdad acerca de ella, esto me regresaba a los viejos hábitos con los cuales ya no me sentía cómoda, pero no sabía qué hacer con aquello.

Tan pronto y mi esposo se despertó y se involucró, yo tenía el temor que él abriera la puerta asumiendo que ella no era un peligro porque no era un "extraño." Por causa de mi desconfianza en ella, temía que si él abriera la puerta, mi familia estaría en peligro.

Hilos de esperanza

1. ¿Has tenido la experiencia de conocer la verdad de alguien o de una situación, solo para después *sentir* que necesitas fingir que no la conoces? ¿Cómo reaccionaste a esto?

2. ¿Qué consejo le ofrecerías a alguien que está luchando con esconder información específica para aparentar que no conocen la verdad?

3. Lee Juan 4:1-30 para ver un ejemplo claro de Jesús hablando la verdad en amor, amando al pecador pero odiando el pecado, con la mujer Samaritana junto al pozo de agua.

4. Encuentra otro ejemplo claro en la Biblia donde alguien confronta a otro con la verdad, aun si parece ser incómodo.

5. No toda situación requiere que confrontemos a alguien que se niega a admitir lo evidente o confesarnos la verdad. Medita en como tu determinarías cuando hablar y cuando es mejor permitir que Dios trate con la situación.

CAPÍTULO 28
NUBES OSCURAS SE FORMAN

Jehová es mi pastor; nada me faltara. En lugares de delicados pastos me hará descansar; junto a aguas de reposo me pastoreara. Confortara mi alma; me guiara por sendas de justicia por amor de su nombre. Aunque ande en valle de sombra de muerte, no temeré mal alguno, porque tú estarás conmigo; tú vara y tu cayado me infundirán aliento. Aderezas mesa delante de mí en presencia de mis angustiadores; unges mi cabeza con aceite; mi copa esta rebosando. Ciertamente el bien y la misericordia me seguirán todos los días de mi vida, y en la casa de Jehová morare por largos días.

Salmo 23

Mi vida, como yo la conocía, estaba por dar un gran giro. No tenía ni idea de cómo el incidente que involucraba a mi vecina, combinado con la libertad emocional que yo sentía de no tener que comunicarme por nada con mi exmarido, pondría en marcha el proceso de permitir que mi cerebro lidiara y desempacara toda una vida de situaciones y eventos.

Habían pasado ocho meses desde la última vez que me había comunicado con el papá de Lauren. Me di cuenta por otros familiares y amigos que él sistemáticamente paró todo contacto con todos. Aparentemente, Lauren fue la última. También descubrí que hacía varios años que él había estado en un programa de rehabilitación de drogas y alcohol, del cual yo no sabía nada. Sospeché que su falta de comunicación con Lauren tenía que ver más con un posible problema actual con drogas y alcohol, que un diagnóstico de la enfermedad de Parkinson.

Solo en retrospectiva puedo ver que la mano de Dios estaba sobre todo esto. Fue el tiempo perfecto de Dios para que mi *tormenta* arremetiera, y la sanidad definitiva que engendraría, tanto en el aspecto emocional como espiritual. Necesitaba una chispa para empezar el proceso. La situación de mi vecina empezó ese proceso. Destapó recuerdos que yo convenientemente había escondido. Nunca los olvidé, sino que los ignoré, y ahora regresaron con toda su fuerza. No tenía otra alternativa que encararlos.

Mi vecina, golpeando mi puerta y gritando por ayuda en la medianoche, desenterró la memoria de la noche que busqué ayuda de un vecino tantos años atrás. Siempre me había dicho que si alguna mujer viniera a tocar a mi puerta buscando ayuda, no importando la situación, yo le ayudaría – así como mis vecinos me ayudaron a mí. Luché con la culpa de no haber abierto la puerta. Pero ahora entiendo que sí la ayudé cuando llamé a la policía. Y eso fue lo mejor que pude haber hecho por ella.

El hecho de ver y sentir el moretón grande en mi muslo por golpearme contra la vitrina – algo que yo jamás había hecho anteriormente, ni he hecho desde esa noche – me recordó de los moretones del abuso en mi pasado.

La relación extraña con mi vecina, conociendo sus secretos pero fingiendo que no los conocía, y disimular actos de servicio y compasión por ella fueron ejemplos de mí recaer a viejas costumbres. Sabía que había un balance entre la compasión y honestidad, pero era más conveniente esforzarme por hacerla sentir cómoda, incluso cuando yo estaba extremadamente incómoda con la situación.

Ahora entiendo porqué Dios le permitió ser mi vecina: Él permitió que ella fuera la que provocara la sanidad. El recuerdo de mi abuso pasado, el no tener contacto con mi exmarido por ocho meses, y permitirme recaer en hábitos no saludables como evitar la confrontación, obró en conjunto para permitir que empezara el proceso de lo que yo había estado suprimiendo por tanto tiempo. Subconscientemente, yo sabía que estaba en un lugar seguro y que necesitaba confrontar mi pasado.

En medio de todo esto, la relación de Lauren con su novio iba progresando rápidamente. Doug y yo genuinamente intentamos aceptar al muchacho. Queríamos verle el lado bueno. Yo oraba por él diariamente, pero cada vez que oraba *por* él, era como si Dios me hacía ver cada vez más razones para orar en su *contra*. Mi corazón me dolía por mi hija. Yo podía ver claramente que esta relación no era saludable, y seguramente no era lo mejor que Dios tenía para ella. Yo estaba preocupada por ella y sabía lo suficiente para no querer ignorar las luces rojas que veía.

Cierto incidente hizo muy claro que a este muchacho no le importaba nuestra familia y nos había mentido repetidamente, y sabíamos que había llegado el tiempo de establecer un límite firme. Ya lo habíamos descubierto en varias mentiras. Sentimos que él había expuesto a Lauren en situaciones peligrosas en más de una ocasión. Él había creado el hábito de mantenerla solamente para él. Comenzamos a notar que ella estaba dejando amistades y actividades que a ella le gustaban. Sus calificaciones bajaron, pues cada minuto de su tiempo se la pasaba con este muchacho. Después de meses de oración, estábamos preparados para decirle a Lauren que ya no apoyaríamos esta relación. Aunque ella siempre sería bienvenida en nuestro hogar – él ya no lo era.

Yo sabía que esto era lo correcto. También sabía que esto

tenía el potencial de llevarla aun más a los brazos de su novio. Yo tenía que decidir si mi amor por ella era lo suficientemente fuerte para sostener nuestra relación, si es que ella lo escogía a él por encima de nuestra familia.

Yo nunca había implementado un límite tan firme con alguien anteriormente, y sabía que tenía el potencial de destrozarme el corazón. Pero Doug y yo estábamos de acuerdo. Era algo que teníamos que hacer para proteger a Lauren y a nuestra familia.

Tres días antes de la plática que habíamos planeado tener con ella, yo me encontraba en la Sala de Emergencias sintiéndome que iba a morir.

Lo que ahora sé

El tiempo de Dios no siempre es nuestro tiempo, pero es el mejor tiempo.

Eclesiastés 3:1 dice, *"Todo tiene su tiempo, y todo lo que se quiere debajo del cielo tiene su hora."*

El *amor con mano dura* es difícil.

Las luces rojas casi nunca cambian de color.

Yo me sentía impotente en poder cambiar el pensamiento de mi hija acerca de su novio. Y en verdad lo era. Eso tenía que ser su decisión. Yo tenía que seguir orando que Dios abriera sus ojos y su corazón a la verdad.

Hilos de esperanza

1. ¿Hubo algún tiempo en tu vida donde puedes mirar hacia atrás y ver el plan y el propósito de Dios, pero en ese momento te encontrabas cuestionándole?

2. Escribe todas las maneras en la que ahora puedes ver claramente como Dios tenía un plan y un propósito para tu situación.

3. El establecer y dar seguimiento a los límites puede ser desafiante. Escribe tres escrituras que te pueden fortalecer cuando enfrentas un desafío así.

4. ¿Alguna vez has orado por un ser querido para que abriera sus ojos y su corazón a la verdad de Dios, así como a la veracidad de la situación en la que se encuentran? ¿Cuál fue el resultado, o sigues orando sobre aquello?

5. Lee Proverbios 27:12. Medita en todas las maneras en que puedes aplicar este verso a tu vida diaria.

CAPÍTULO 29
LA TORMENTA PEGA

Por lo cual estoy seguro de que ni la muerte, ni la vida, ni ángeles, ni principados, ni potestades, ni lo presente, ni lo por venir, ni lo alto, ni lo profundo, ni ninguna cosa creada nos podrá separar del amor de Dios, que es en Cristo Jesús Señor nuestro.

Romanos 8:38-39

El 27 de enero del 2007 a las 12:30 a.m. Me desperté de un sueño profundo sintiendo náuseas. Pensé que quizá me estaba enfermando de la gripe. Intenté sentarme derecha y bajarme de la cama, pero me sentí más náuseas. Me pregunté si podría llegar al baño lo cual solo estaba a pocos pasos. Sin previo aviso, me sobrevino un calor sofocante desde mi cuello hasta la ingle. Mi ritmo cardiaco se aceleró. No podía cobrar aliento y empecé jadeando por aire. Me recosté e intenté calmarme tomando respiros pequeños y pausados. Las náuseas disminuyeron un poco y sentí un alivio momentáneo.

Luego una gran ola de nausea me sobrevino acompañado por calores aun más intensos. Sentía que mi corazón latía de tal manera que saldría de mi pecho. ¡Me dolía, y yo estaba asustada! Trataba de mantener la calma y de respirar, pero no había suficiente oxigeno en el cuarto para llenar mis pulmones.

—Creo que estoy muy enferma —le susurré a Doug.

Él se despertó instantáneamente, pero al sentarse derecho la nausea y los golpes en mi pecho intensificaron exponentemente. Yo pensé que me estaba muriendo.

—Llama al 9-1-1 —le dije.

A los pocos minutos tanto la ambulancia, así como el departamento de bomberos, llegaron. Me acomodaron en una camilla mientras le preguntaban a Doug por todos los detalles de mi condición que él les podría proporcionar. Lo único que yo podía pensar era en que no tendría la oportunidad de despedirme de mis hijos. Lauren estaba en la universidad y Garic seguía dormido. Mientras me subían a la ambulancia, Doug me prometió ir por Garic y vernos en el hospital.

En camino al hospital, Doug trató de mantenerse calmado por causa de Garic. Oraron para que Dios me sanara de lo que me sucedía. Sufrí más ataques en camino al hospital. Yo no quería morirme en la ambulancia. ¡Yo le rogaba con mis ojos a los paramédicos, *«por favor no me dejen morir!»*

Me administraron medicamento por vía intravenosa que debería de calmar mi ritmo cardiaco, pero aun con ello mi ritmo cardiaco solo bajo a 140 latidos por minuto. Un corazón normal late en un rango de 70-100.

«Dios, déjame vivir —le rogaba en silencio a Dios—. *Seré mejor cristiana y ejemplo para mi familia y amigos. Quiero llegar a la vejez. Quiero tener nietos algún día. ¡Por favor Dios, ayúdame a estar bien!»*

Doug y Garic llegaron poco después de la ambulancia. Le pedí a Doug que le llamara a Lauren y que le dijera que la amaba, aunque no estaba segura si Doug se podría comunicar con ella. Ella se encontraba en su dormitorio en la universidad y seguramente estaba durmiendo. Ella estaba acostumbrada a apagar el celular en la noche, así que no había manera de asegurarnos que ella supiera lo que pasaba hasta que despertara en la mañana.

Yo sentía que habían cosas que necesitaba decirle a mi esposo – cosas que yo quería que él supiera en caso de que realmente me estaba muriendo. Garic extendió su mano para tocarme.

—Está bien, mamá —me dijo—. Vas a estar bien. Dios te va a proteger.

—Yo sé, hijo —le respondí con cara de valiente—. Necesito que sepas cuanto te amo y qué tan especial eres para mí. Nunca lo olvides, ¿De acuerdo?

Él se inclinó sobre la cama de hospital, suavemente me besó y me dijo que él también me amaba. Doug tomó la mano de Garic y puso su otra mano sobre mi cuerpo y empezó a orar. Oraron que Dios me sanara y que les diera sabiduría y discernimiento a los médicos en cómo ayudarme.

Varias horas después, y después de muchos análisis, electrocardiogramas, radiografías y una prueba de esfuerzo cardiaco en una caminadora, lo único que encontraron mal fueron niveles bajos de potasio. El médico que me atendía me recetó un medicamento para la ansiedad y un suplemento de potasio, y me dio el alta para regresar a mi casa con instrucciones para que mi médico familiar dé seguimiento.

Mi médico familiar me vio brevemente antes de que me dieran de alta del hospital. Ella pensó que yo había sufrido un ataque de pánico, no estaba familiarizada con ese término. *Ataque de pánico* me sonaba como un sinónimo de una *preocupación catastrófica*, y aunque claro que yo me preocupaba de las cosas que pasaban, yo sabía que esto no podría ser algo tan *sencillo* como un ataque de pánico. ¡Algo malo me pasaba! Cada análisis regresaba negativo y yo me sentía mejor. Pero sabía que una de dos cosas pasó: o algo se les escapó, o Dios decidió sanarme de lo que invadió mi cuerpo tan violentamente.

Lo que ahora sé

Los ataques de pánico son reales.

Los ataques de pánico te pueden hacer sentir que te estás muriendo.

El tiempo que vivamos o el hecho que tengamos problemas de salud física o mental, no es un reflejo de lo bueno o lo malo que hayamos sido o que podamos ser. Nunca seremos lo suficientemente buenos. Esa es la razón que tenemos gracia y por qué Jesús voluntariamente se sacrificó en la cruz.

Nadie merece lo que Cristo hizo por nosotros. No podemos ganar nuestra salvación o la gracia de Dios. Es un regalo de Dios. Dios anhela una relación con nosotros. No tenemos que negociar para adquirirla.

Hilos de esperanza

1. ¿Alguna vez has experimentado un ataque de pánico? Si es así, ¿Cuáles son algunas cosas que pudiste hacer para sobrellevarlo?

2. ¿Hubo algún tiempo cuando intentaste negociar con Dios para que Él conteste una oración de la cual estabas desesperada(o)? Lee 2ª Reyes 20. Si tú estuvieras en el lugar del rey Ezequías, ¿Hubieras escogido vivir los últimos quince años como él lo hizo? Si tu respuesta es no, ¿Qué crees que hubieras hecho diferente?

3. Si supieras que solo tienes un cierto número de años, días o aun minutos antes de tu último respiro, ¿Con quién te gustaría pasar ese tiempo? ¿Hay algo que sientes que necesitas decirle a alguien antes de morir?

4. El preocuparse de cosas, sean cosas que están bajo nuestro control o no, es un área en que la mayoría de la gente lucha. Haz una lista de las cosas que vez que te preocupan. Separa la lista en dos columnas. Una

columna para las preocupaciones que puedes controlar, y la otra para las preocupaciones de las cuales no tienes control (p. ej. el comportamiento, decisión, o reacción de otra persona, catástrofes, el clima, eventos o desafíos inesperados, enfermedad o la muerte).

5. Lee Salmo 55:22, 2ª Timoteo 1:7, Salmo 112:7, Filipenses 4:6-7 y Deuteronomio 31:16. Escribe estos versos y colócalos en lugares que te recordaran para soltar las cosas que no puedes controlar, y que eres capaz de hacer decisiones difíciles sobre las cosas sí puedes controlar.

CAPÍTULO 30
QUE EMPIECE LA SANIDAD

Sáname, oh Jehová, y seré sano; sálvame, y seré salvo; porque tú eres mi alabanza.

Jeremías 17:14

Llegando a la casa del hospital, di seguimiento con mi médico familiar y ella me recetó un antidepresivo, que renuentemente tomé. Ella insistía que yo había tenido un ataque de pánico. Pero no me sentía *deprimida* y no entendía por qué ella quería que yo me tomara un antidepresivo, todavía no creía que había sufrido un ataque de pánico ni estaba segura que creía que existía tal cosa como un ataque de pánico.

A las pocas semanas me convencí. Sufrí varios ataques de pánico que resultaron en tres visitas a la Sala de Emergencias, otro viaje al hospital en ambulancia, un sinnúmero de análisis y varias visitas con el médico. Todo ese tiempo oramos por el toque sanador de Dios y por sabiduría y discernimiento para los médicos que me estaban atendiendo. Llamamos a nuestra iglesia y pedimos oración. Muchos miembros de la familia y amigos oraron diligentemente por mí. Uno de nuestros pastores y ancianos en nuestra congregación vino a nuestra casa y oró por mí y me ungió con aceite, de acuerdo a las Escrituras. Doug compartió acerca de nuestra situación durante su programa de radio y miles de personas que yo jamás había conocido oraron por mí y me mandaron mensajes alentadores.

Durante mi tercera visita a la Sala de Emergencias, una de nuestras enfermeras compasivamente nos escuchó a mí y a

Doug mientras le contábamos todos los detalles de los últimos meses. Ella estaba de acuerdo con nuestra médica familiar que mis síntomas parecían ser un ataque de pánico o de ansiedad.

—Yo tengo un familiar que tenía síntomas similares —me dijo—. Fue al médico y después del tratamiento puede manejar mejor los ataques. Lo más importante que debe uno reconocer es que estos ataques son reales. No es algo que uno se inventa, sino que es algo que te hace sentir que te estás muriendo.

Al salir de la Sala de Emergencia e irnos a casa con nuevos medicamentos e instrucciones para dar seguimiento con mi médico familiar, comencé a cuestionar si quizá realmente estaba experimentando ataques de pánico. Y pensaba, si me estaba dando ataques de pánico, ¿Por qué ahora los estaba teniendo tan repentinamente? ¿Y qué puedo hacer con ello?

Empecé la labor de investigar sobre los ataques de pánico y de ansiedad, luego me comuniqué con un psiquiatra local. Me era importante encontrar un medico familiarizado con ataques de pánico y de ansiedad, y ella lo era. Ella me ayudó a entender que el cerebro es una herramienta poderosa; este nos protege y en ocasiones nos escuda de lidiar con problemas que fueron traumáticos, estresantes, o emocionales. En algún momento, sea cuando te sientes seguro o cuando algo te provoca de cierta forma, tu cerebro te permitirá descubrir lo que necesitas confrontar. Eso fue lo que me paso a mí.

Al meditar en lo que había vivido en los últimos años, puedo ver los primeros signos de pánico y de ansiedad en mí. También conozco el momento en que mi cerebro se sintió lo suficientemente seguro para soltar toda esa ansiedad reprimida – cuando mi exmarido parecía haber desaparecido de nuestras vidas, cuando mamá se había mudado lejos, y cuando yo empecé a establecer límites en esa relación. La situación con mi vecina fue lo que lo provocó.

No todo el que experimenta trauma temprano en la vida tendrá un ataque de pánico severo como yo lo tuve. Puede que sea más leve. Quizá se manifiesta de otra manera; inestabilidad emocional, depresión o aun se puede manifestar como una enfermedad física.

En mi ingenuidad, le pregunté a mi médica qué tanto tiempo ella pensaba que yo necesitaría tomar el medicamento y estar en terapia. Yo esperaba que ella dijera, "Quizá unas semanas." Ella no me pudo darme una respuesta…ni siquiera un plazo de tiempo.

—Cada persona es diferente —me explicó—. Todos responden de diferentes maneras al medicamento y a la terapia. Parte de esa respuesta depende de ti.

Inmediatamente decidí que procuraría conseguir mi recuperación con pasión. Yo quería estar mejor. Yo quería seguir adelante. Yo quería sacar cada pizca de mi historia de debajo de la alfombra y confrontarla. Estaba consciente de que sería difícil y emocionalmente agotador, pero yo estaba lista para enfrentarlo todo – toda la culpa, la vergüenza y el temor que habían sido mis acompañantes constantes desde mi infancia.

Yo sentía que Dios había permitido que esta puerta se abriera, aunque no fue algo que yo hubiera escogido por mí misma. Yo estaba agradecida y aliviada de tener a alguien que caminaría conmigo en este tratamiento y me diera esperanza. Mi esposo me animó y me apoyó fiel y firmemente durante todo el proceso. Poco después de confirmar mi diagnosis de pánico y de ansiedad, ella también me diagnosticó con TEPT (Trastorno por Estrés Postraumático), y me recetó un antidepresivo diferente junto con un medicamento para el pánico y la ansiedad para ayudarme cuando me dieran ataques.

Después de varios meses de terapia, mi medico sintió que el siguiente tratamiento sería EMDR (Desensibilización y Reprocesamiento por los Movimientos Oculares). A mi forma de ver, se oía demasiado como algo de la Nueva Era, y yo no estaba interesada en nada que tuviera que ver con la filosofía de la Nueva Era o la hipnosis. Pero yo confiaba en mi médica y ella me aseguró que estaba familiarizada con los resultados positivos que se podría lograr con EMDR. Investigué por cuenta propia acerca del EMDR y descubrí que se había usado exitosamente por más de veinte años, y se comprobó haber ayudado a personas que habían sufrido un trauma en su vida. No tiene nada que ver con la filosofía o la hipnosis de la Nueva Era. Mi médica estaba segura que yo me beneficiaria con esta terapia y después de orar y platicarlo con mi esposo, nos pusimos de acuerdo que este sería el siguiente paso para mí.

Empecé a consultar con un terapeuta de EMDR en septiembre del 2007. EMDR reprocesa memorias que fueron traumáticas o estresantes. No los borra, pero sí te ayuda a procesarlos de diferente manera para que ya no seas provocado al pánico, la ansiedad, o a los temores.

A través de esta terapia he podido regresar a esas memorias y tener compasión por quien yo era. Yo no soy una víctima; soy una sobreviviente. Ahora puedo entender porqué tomé algunas decisiones en momentos específicos, o porqué no me atrevía a hablar en otros momentos. He aprendido muchas cosas sobre algunas de las decisiones que tomé. También estoy más consciente de hábitos dependientes y de relaciones no saludables.

Junto con mi terapeuta, creamos una canasta de herramientas para ayudarme cuando estoy enfrentando un momento ansioso o estresante, tales como:

- Respirar – respiros profundos hacia dentro y hacia fuera.

- Cambiar de sitio cuando sucede algo, siquiera por un momento, aunque sea a la vuelta de la esquina. Cerrar los ojos y respirar.

- ¡Menta! Mis síntomas siempre empiezan en mi estomago con nausea.

- Té de jengibre – siempre mantengo bolsas de té de jengibre a la mano. Inhalo el olor del té y lentamente lo pruebo, sintiendo la sensación del té caliente bajando en mi garganta, intentando enfocarme en esta sensación en vez de mi ansiedad.

- Desacelerarme y escuchar los sonidos a mi alrededor.

- Mantenerme hidratada – siempre mantengo una botella de agua cerca de mí.

- Tomando unos momentos, cuando lo necesito, para sentarme en silencio en un cuarto y cerrar los ojos (unos cuantos minutos pueden hacer una gran diferencia).

- Estar consciente de cosas que me pueden provocar. Algunas cosas me molestan más que otras. Tengo que estar consciente de cómo mi mente y mi cuerpo reaccionan a esas cosas.

- Orar y leer la Biblia. Yo escribo escrituras en tarjetas de índice y las coloco sobre espejos y armarios.

- Un toque físico. Un abrazo o un apretón de manos, las texturas confortantes de una cobija suave, y una almohada mullida pueden ayudar a reducir el estrés.

- Mantener un diario. Escribir lo que me pasa me ha ayudado; pensamientos, sentimientos, memorias, oraciones, etc.

- Escuchar música suave e instrumental.

- Comunicación. Siempre platicar las cosas. Ahora trabajo arduamente para no dejar que las cosas se agraven o se mantengan debajo de la alfombra.

- Reconocer las opciones que tengo. Quizá yo no puedo cambiar la situación, pero puedo escoger como lidiar con aquello, si lo enfrento o decido qué voy a hacer al respecto.

- Medicamento.

He aprendido que no hay soluciones rápidas cuando estás luchando con cuestiones del pasado. Toma tiempo y compromiso. Es importante enfocarse un día a la vez, lo cual es desafiante para mí porque yo quiero correr hacia la meta; quiero terminar.

También es importante encontrar el médico correcto y el plan de tratamiento que mejor te convenga. Tuve la fortuna de conocer a mis médicos desde un principio. Conozco a otras personas que no tuvieron esa misma suerte. Animo a todo el que busca un médico o un consejero de asegurarse en conocerlo primero. Es importante que ese médico se especialice en el área con la que estás luchando.

También creo en tomar medicamentos si tu doctor siente que te ayudará y si no abusas del mismo. No hay que avergonzarse en tomar un antidepresivo o medicamento para la ansiedad. El tomar medicamento no significa que tu fe te falla o que no estás bien con Dios. Si tienes alta presión o diabetes, no pensarías dos veces en aliviar tu enfermedad. La depresión, ansiedad, y ataques de pánico no son diferentes. Por causa de que vivimos en un mundo perdido, estamos expuestos y predispuestos a un sinnúmero de enfermedades físicas y mentales. Yo creo que Dios puede escoger sanarte milagrosamente, pero cada persona y situación es única. No está en nosotros poner a Dios en una caja y decir como Él escogerá sanarnos, o cuando Él nos sanará.

Cuando empiezas a sacar las cosas debajo de la alfombra y miras las cosas desde una perspectiva distinta, te comenzarás a ver aun más como eres. Estoy consciente, ahora más que nunca, de mis luchas con establecer límites, codependencia, mi falta de confianza, baja auto-estima, cuestiones de perdón (aceptar el perdón, perdonar a otros o perdonarme a mi misma), el temor a la aflicción, tomar responsabilidad por las decisiones de otros, e ignorar luces rojas. Estoy aprendiendo a tenerme compasión y comprensión – no excusando mis decisiones ni conducta, pero escarbando más profundamente para entender el por qué y lentamente cambiar lo que pueda cambiar.

Lo que ahora sé

Las herramientas en mi canasta me funcionan bien y en ocasiones tengo que recordarme de usarlas.

Al haber aprendido más de mi misma, lo que me provoca, y como responde mi cuerpo, han habido ocasiones cuando he usado todas mis herramientas y terminé tomando el medicamento para aliviar el ataque de pánico, y eso está bien.

Siempre tendré pánico y ansiedad, pero como me recordaba mi esposo, *"Nunca será como lo fue en el principio."*

Puedes desaprender lo que has aprendido.

Yo creo que Dios puede usar médicos y medicamento, o Él puede escoger sanarnos milagrosamente. Las dos formas son apropiadas y bíblicas.

Diariamente tengo que elegir que mi fe sea más grande que mis temores.

Hilos de esperanza

1. ¿Cuáles son algunas herramientas que puedes usar la próxima vez que te sientas ansiosa(o), temerosa(o), avergonzada(o), tentada(o), o enojada(o)?

2. Escribe citas o escrituras específicas de este libre que te fortalecerán cuando lo necesites más.

3. Lee Isaías 12:2. ¿Cómo puedes aplicar este verso a tu vida?

4. ¿Ha abierto Dios una puerta que tu no hubieras escogido abrir por ti mismo? ¿Cuál fue el resultado?

5. ¿Cuáles son algunas áreas de crecimiento en tu vida de las cuales estás intencionalmente dispuesta(o) a enfrentar?

CAPÍTULO 31
EL PODER DEL PERDÓN

Mejor es el fin del negocio que su principio; mejor es el sufrido de espíritu que el altivo de espíritu.
									Eclesiastés 7:8

Después de un año de orar sin cesar, luchar con la preocupación y el permitir que mi fe se hiciera más grande que mis temores, Lauren terminó su relación con su novio en agosto del 2007. Desafortunadamente, esta decisión la sumió más profundamente a su jornada como pródiga. Doug y yo estábamos cegados de ver a qué medida llegó, hasta finalizarse su segundo año en la universidad. Ella estaba lista para confesarlo y arrepentirse. Ella quería regresar a casa, conseguir un trabajo, y tomar unas clases por Internet el próximo año. Ella tiene un testimonio poderoso que ahora comparte, y tenemos planes de ministrar juntas en un futuro próximo de la perspectiva de madre e hija.

Cuando Lauren empezó a recoger los pedazos rotos de sus últimos dos años, ella quería encontrar a su papá y perdonarlo. Yo luché con esto desde el momento que ella me dijo que sentía que Dios la estaba guiando a llamar a su papá. Yo quería que ella tuviera paz en su corazón y que hiciera lo que Dios la estaba guiando a hacer, pero estaba preocupada que la respuesta de su papá la iba a herir. Y para ser completamente honesta, yo tenía ansiedad de cómo me iba a afectar a mí.

Solo tomó una llamada para encontrarlo. Ella le dejó un mensaje, extendiéndole sus brazos con amor y perdón. Él respondió rápidamente y pronto proseguían con una esperanza renovada en su relación de padre e hija. Yo pude mantener un equilibrio de apoyarla, pero sin involucrarme. Esta era la relación de ellos – no había necesidad de que yo me involucrara.

Casi un año después de que Lauren regresara a casa de la universidad, ella conoció a un joven que yo sabía sin la más mínima sombra de duda, que era el hombre por el cual yo había estado orando desde el momento que ella nació. ¡Después de varios meses de noviazgo, Stephen le pidió que se casara con él y Lauren aceptó!

La noticia del compromiso de Lauren marcó el comienzo de olas de emoción. Con la relación renovada entre Lauren y su papá, ella quería que nosotros tres – yo, Doug, y su papá – la encamináramos al altar. Mi reacción inicial fue retroceder de manera temerosa. Comencé a cuestionar cada escena posible en la que nos encontraríamos cara a cara.

Yo estaba muy consciente de la ansiedad que crecía dentro de mí y sabía que necesitaba ayuda para lidiar con mis pensamientos, sentimientos, y posibles confrontaciones. Mis emociones estaban en alta alerta. Yo había progresado increíblemente, pero ahora me sentía como si empezaba a dar marcha atrás. Yo quería dar por terminado el tener que procesar las memorias de mi exmarido.

Reconocí que yo le estaba dando demasiado poder y control sobre mí, pero no sabía porqué o cómo parar. Mientras mi médica seguía trabajando conmigo, reconocí que aunque yo pensaba que lo había perdonado, debajo de las raíces profundas de nuestro pasado, había un persistente sentir de falta de perdón. Yo tenía temor de perdonar completamente y seguir adelante. Si lo hacía, sentía que él ya no sería responsable de sus acciones.

Yo igualaba el perdón con la reconciliación, y solo el pensar en reconciliarme con él me llevó a un lugar emocional en la que no había estado por mucho tiempo. Yo estaba *enojada* con él. Yo no *quería* que él estuviera en la boda.

También estaba preocupada que la familia del lado de papá, específicamente mi hermana Shelli, no vendrían si él estuviera aquí. Había una parte de mí que no quería enfrentar todo eso – y había otra parte de mí que sabía que Dios tenía un plan y un propósito, y que a través de esta situación yo continuaría haciéndome más fuerte.

A través de la oración y de mi terapeuta, junto con mi tratamiento de EMDR, pude confrontar cada sentimiento. Comencé a entender acerca del perdón a un nivel más profundo. El perdón no quita ni disminuye la responsabilidad del ofensor. La responsabilidad final queda solamente entre el ofensor y Dios. El perdón me ayuda a seguir adelante. El perdón no significa que necesitas reconciliarte con el ofensor – en ocasiones la distancia o el establecer un límite firme es necesario para todos los involucrados. La reconciliación puede ser tan sencilla como ponerle fin a un conflicto. Al perdonar completamente a mi exmarido, yo permití que Dios lidiara con sus consecuencias, y también permití que mi corazón y mi mente pusieran punto final a nuestra historia.

Mi terapeuta me animó a pensar como una reina. Las reinas tienen confianza, son dignas, y respetuosas. Si mi exmarido hiciera un comentario o dijera algo que me hiciera sentir incómoda en la boda, calmadamente le miraría a los ojos y le diría, «*Este día es de Stephen y de Lauren y yo escojo no responder en este momento,*» luego con confianza y respeto, darme la vuelta e irme.

Yo estaba preocupada de tener que fingir una amistad con él a la fuerza. Yo no quería hacernos pasar como amigos como él les había dicho a otros que lo éramos años atrás. No me quería sentir obligada a darle un abrazo o darle la mano. Empecé a entender que estaba bien decir, *«No, gracias,»* si me extendía su mano.

Me sorprendió que tan fácil eso pudiera ser. Quizá esto le parezca obvio a mucha gente, pero para mí era un concepto que cambio mi vida. Toda mi vida yo había tenido el hábito de complacer a la gente y de ser dependiente. Nunca se me ocurrió que yo tenía la habilidad de decir, *«No, gracias.»* No se tiene que ser grosero o decirse de tono enojado. Sí es posible decirlo con confianza, de manera digna y respetuosa.

La boda de mi hija fue una memoria que siempre atesoraré. Ella fue una novia hermosa – y sí, los tres la encaminamos hacia el altar. Ella y yo empezamos a caminar juntas. A medio camino del pasillo de forma L, Doug se acercó y enlazó su brazo con el mío. Casi al final del camino, el papá de Lauren enlazó su otro brazo con ella y los tres la presentamos a Stephen.

Me aseguré de entregarle las llaves completamente a Doug ese día, y él fielmente las aceptó. Él se encargó de toda la comunicación que necesitaba ser compartida y fue un ejemplo brillante para mí de un hombre de honor e integridad. El día pasó sin problemas.

Mi hermana Shelli y el resto de la familia del lado de papá llegó, al igual que otros familiares y amigos. La ceremonia fue linda y la recepción agradable. Al final del día el papá de Lauren se acercó conmigo y con Doug y extendió su mano a Doug. Doug le dio la mano. Luego se volteó a verme.

—Felicidades —me dijo.

Yo tomé un paso hacia atrás. Me detuve, respire profundo, enderecé la espalda y le miré a los ojos.

—Gracias. Y tú también —le respondí.

Él y su novia sonrieron y se fueron. Continué disfrutando de lo que quedaba de la noche con mi hija, mi nuevo yerno y mi familia.

Lo que ahora sé

Estoy agradecida que mi hija se arrepintió y tenía la fe y la valentía de confesar y aceptar las consecuencias y los límites establecidos. Fielmente siguió adelante y yo estoy orgullosa de la persona en que se ha convertido.

Mis sentimientos iniciales acerca de Lauren comunicándose con su papá no fueron inesperados, dados nuestra historia. Aunque yo no le deseaba un mal, yo necesitaba establecer un límite. Yo tenía que decidir como eso se iba a ver y sentir para que yo me sintiera segura y confiada.

Por más difícil e incómodo que fue ver al papá de Lauren, me sentí bien que pude enfrentar todo y seguir adelante de manera sana, tanto espiritual como emocionalmente.

Está bien rehusarse tomarle la mano a alguien o excusarse de una conversación de la cual estas incómoda(o).

El perdonar a alguien no anula lo que han hecho. El perdón te suelta de cargar su peso y permite que sea entre ellos y Dios.

Perdonar a alguien no significa que necesitas regresar a hábitos de relaciones no saludables. Puedes perdonar y aun mantener limites firmes.

Hilos de esperanza

1. ¿Has tenido la experiencia de tener un prodigo en tu familia? Si es así, Cómo y donde están las cosas ahora?
2. Lee 1ª Juan 1:9, Proverbios 28:13 y Hechos 3:19.
3. ¿Hay alguien en tu pasado que te habló con la verdad y en ese momento ignoraste sus palabras? Si es así, en oración considera mandarles un mensaje dejándoles

saber que sus palabras o acciones, aunque parecieron que cayeron en oídos sordos, si echaron raíces.

4. Piensa en un momento cuando saludaste incómodamente, o continuaste una conversación con alguien con quien te sentías intranquilo. ¿Harías algo diferente ahora? Si es así, ¿Qué?

5. ¿Hay algo que te detiene de perdonar a alguien? Si es así, ¿Qué es? ¿Estás lista(o) para seguir adelante?

CAPÍTULO 32
PERDIDO Y ENCONTRADO

Y el mismo Señor de paz os de siempre paz en toda manera. El Señor sea con todos vosotros.

2ª Tesalonicenses 3:16

PERDIDO.

Había alguien notablemente desaparecido en la boda de Lauren y esa fue mi mamá. Para el tiempo de la boda, ella había cesado toda comunicación conmigo. Mamá sabía de mis ataques de pánico y que me habían diagnosticado con TEPT. Le compartí poco a poco acerca de mi terapia, y ella estaba consciente que escribir se había convertido para mi una herramienta importante para seguir adelante.

Cuando le compartí que Dios me estaba guiando en convertir mis escritos en un libro para ministrar a otros, se quedó sorprendida pero nunca me hizo preguntas directas. Le compartí ciertos detalles del libro, pero permanecí intencionalmente imprecisa.

Parte del proceso de enfrentar las cosas fue permitirme hacer duelo (nuevamente) sobre la realidad que la relación que yo quería con mamá no existía. Yo esperaba que lo poco que quedara entre nosotras desapareciera cuando ella leyera el libro. Yo tuve que hacerme la pregunta si había alguna esperanza para el futuro al exponer el pasado y todas las cosas que yo había procurado mantener debajo de la alfombra.

Llegó el día cuando ella me preguntó cómo me iba con el

libro. Le dije que estaba por salir, y me pidió un ejemplar del libro. Mi corazón se entristeció. Le dije que lo haría.

Solo faltaban unos pocos meses para la boda de Lauren. Después de mucha oración, muchas lágrimas, y enfrentar una plétora de pensamientos, sentimientos, y reacciones con mi médica, le envié a mamá por correo un ejemplar del libro. Incluí una carta explicándole que era importante para mí que ella supiera que yo estaba dispuesta a platicar acerca de cualquier cosa relacionada con el libro. Pero también quería que supiera que yo había establecido ciertos límites si íbamos a platicar sobre el libro. Le recordé que el libro se trataba de mí; se trataba de mis memorias, mis sentimientos, y como yo recordaba las cosas. Yo no la estaba juzgando. No la estaba culpando a ella ni a nadie más. Terminé la carta diciéndole que la amaba y estaba orando para que ella buscara la ayuda emocional que necesitaba, y también por alcoholismo.

Después de dos años después de mandarle el libro, recibí una carta en el correo de su parte. Fue corta y al punto. Me pidió que nunca más le mandara fotos o regalos.

Lloré. Lamenté su petición. Yo veía ese contacto de mandarle cosas como algo seguro porque mantenía los temas centrados en mis hijos y en mi vida de forma genérica. Era mi forma de mantenerme conectada de manera discreta. El cortar toda comunicación parecía cortar el único cordón frágil, y hecho trizas, que a duras penas nos conectaba.

Yo respeté su petición, pero había una tristeza profunda en mi corazón por la pérdida de una relación de madre e hija.

ENCONTRADO.

Antes de que mi comunicación con mamá terminara, pude ser parte del reencuentro entre ella y mi hermano mayor LeRoy. Después de treinta años de cuestionar qué le pasó, y si aún estaba vivo, recibí noticias de una fuente inesperada. Me conecté con alguien en una página memorial de escuela secundaria, y le pregunté si él o alguien que él conocía me podrían ayudar a encontrar a mi hermano. Dentro de pocas horas recibí información de cómo comunicarme con él. ¡Yo estaba sorprendida – todos esos años que intenté localizarlo y en pocas horas alguien me consiguió la información y eran buenas noticias!

Fue importante para mí comunicarle a mi hermano que era yo quien deseaba mantener el contacto con él. De ninguna manera quería que mamá supiera que yo lo había estado buscando, ni que lo había encontrado. Tampoco quería estar de por medio si yo se lo contara a ella y ella lo rechazara. Él estuvo de acuerdo y más que contento de conectarse conmigo después de tantos años. Después de varios meses de ponernos al corriente, me pidió si pudiera considerar darle a nuestra mamá su número telefónico y decirle que él la amaba. Él dejó en claro que no quería nada de ella excepto el tenerla como parte de su vida. Él me aseguro que él no estaba rencoroso ni enojado, y quería que el pasado quedara en el pasado.

Después de hablar con Doug y de orar acerca de darle a mamá el mensaje de mi hermano, sentí una fuerte urgencia de hacerlo. Muy dentro de mí creo que yo sabía que mi tiempo de comunicarme con ella estaba llegando a su fin.

Yo estaba calmada y pragmática al compartir las noticias con ella. Su reacción inicial era escéptica. Le aseguré sobre su intención y la animé a comunicarse con él, y varios días después lo hizo. Eso fue el comienzo de la restauración de su relación. Estoy agradecida que mi hermano se ha podido conectar con ella y que han podido seguir adelante de manera saludable para los dos. Cuando pienso en ese momento oportuno, y cómo Dios me usó en el tiempo exacto para reconectar a mamá y a mi hermano, me trae una paz extraordinaria.

ENCONTRADO.

¡Dos años desde el momento en que mamá me pidió que ya no me comunicara con ella, mi hermano fue el que impulsó reconectarme con mamá de nuevo!

Por una serie de circunstancias financieras inesperadas y que cambiaron su vida, ella se encontraba en grave necesidad de ayuda. Mi hermano sabía que yo me preocuparía y tomó esta oportunidad para preguntarle si ella estaría dispuesta en hablar conmigo. Ella dijo, *Sí.*

Durante nuestras conversaciones iniciales, ella me dijo que había estado sobria por unos años. Pude notar durante nuestra conversación que en realidad sí estaba sobria. Ha sido un proceso lento para nosotras. Todavía tenemos los límites establecidos; nuestra plática se mantiene en temas superficiales y trato las cosas una conversación a la vez. Yo sé que en cualquier momento algo se puede malinterpretar, por cualquiera de las dos, y así terminar la comunicación que hemos empezado. Me he aferrado a la esperanza y continuaré aferrándome a ella. El deseo de mi corazón es seguir la voluntad de Dios y usar las oportunidad que tengo para expresar palabras de vida y esperanza a mi mamá y a su situación.

Estoy agradecida que Dios usó a mi hermano para jugar un papel importante en mi vida; encontrarlo, reconectarlo a él con mamá, y la parte que él contribuyó en reconectarme con mi mamá después de varios años sin comunicarnos.

Lo que ahora sé

Mateo 19:26 dice, *"Mas para Dios todo es posible."*

Mamá estableció su propio límite conmigo al pedirme cesar la comunicación, fotos y regalos. Por más duro que fue para mí en aceptarlo, lo hice.

Yo sé, sin la más mínima sombra de duda, que yo debería de

escribir este libro y fortalecer a otros.

Para que yo siguiera adelante, yo necesitaba regresar al inicio y reconocer y entender ciertos hábitos, conducta, elecciones y reacciones.

Hay momentos cuando, como la esposa de Lot (Génesis 19:1-26), yo tengo la tentación de mirar hacia atrás y añorar lo que fue, aunque no haya sido saludable; eso era lo que yo conocía.

Pensé en no contarle a mamá acerca del libro, pero sabía que si lo hacía estaría regresando al hábito de poner cosas debajo de la alfombra. Y yo he luchado demasiado para volver a hacerlo.

Hilos de esperanza

1. ¿Has orado por la reconciliación o restauración de una relación dañada? ¿Cómo puedes ver a Dios trabajando en esa situación?

2. Lee Mateo 19:26 y Romanos 8:28. Escríbelas en tarjetas de índice y colócalas donde continuamente serás recordada(o) de las promesas de Dios.

3. ¿Hay un margen de tiempo en tu vida donde tuviste la tentación de mirar atrás y añorar por lo que fue? Si es así, ¿Cómo te ha impactado eso hoy?

4. ¿Has tenido la experiencia de reunirte con un ser querido después de años de estar separados y no saber que sucedió? ¿Cuál fue el resultado?

5. Establecer límites en relaciones suele ser difícil. Los límites solo funcionan si estas dispuesta(o) en aplicarlos. ¿Hay un límite que necesitas considerar en establecer? Si es así, en oración busca sabiduría en decidir como eso debe ser, y cuál será la mejor manera de implementarla.

CAPÍTULO 33
LA JORNADA CONTINÚA

Grande es el Señor nuestro, y de mucho poder; y su entendimiento es infinito.

Salmo 147:5

Siempre me considero estar *en un proceso*. Sigo aprendiendo cosas de mi misma y de mi relación con Dios, y procuro tener relaciones saludables en mi vida. Hay días cuando me siento fuerte y segura de mi misma, y existen otros días cuando sé que necesito perseverar, no importando lo que tenga que enfrentar.

Las lecciones más importantes que he aprendido a través de todo esto son:

1. No ignores las luces rojas (y si te encuentras en una situación donde sabes que lo has hecho, nunca es demasiado tarde para hacer algo).

2. No tomes responsabilidad por las decisiones o la conducta de los demás.

3. No te permitas barrer ninguna cosa debajo de la alfombra. No todo necesita ser confrontado, pero si te encuentras en una situación donde eso pasa, sé valiente y sigue adelante.

4. Para abrazar completamente todo lo que el perdón ofrece, necesitas pensar en el perdón como un triángulo – perdona a otros, perdónate a ti mismo y acepta el perdón de Dios. Los tres puntos son importantes.

5. El perdón no borra lo que otro haya hecho; le quita el control que la situación/persona tiene sobre ti y la pone donde debe de estar – con Dios.
6. Los límites son buenos. Los límites se manifiestan de diferentes maneras para cada persona y situación. Solo tú puedes decidir si un límite se necesita en una relación, y cómo ese límite se debe establecer.
7. Conoce lo que te provoca y mantén herramientas específicas en tu canasta para ayudarte a lidiar con lo que te ha provocado.
8. El permitirte escarbar a la raíz de hábitos, decisiones, o relaciones no saludables, sean pasados o presentes, requiere valentía y determinación. No es fácil, pero te libera. Te animo a tomar los pasos necesarios hacia la sanidad y la esperanza.
9. Yo no estoy sola y tu tampoco lo estás. No hay tal cosa como la persona perfecta y es tiempo de parar de escuchar las mentiras del enemigo. Tú eres importante. Tú eres amada(o). Dios te creó con un plan y un propósito.
10. Yo empecé con un cordón escarlata de culpa, vergüenza y temor. Hoy, ese mismo cordón representa el amor redentor de Dios, su gracia abundante y su perdón infinito.

¡Siempre hay *esperanza!*

ACERCA DE LA AUTORA

Sheryl Griffin es ante todo esposa y mamá, pero también es autora, oradora y alguien que anima a la gente. Con entrenamiento y experiencia extensa en educación infantil, Sheryl ha estado involucrada en ministerios de niños, jóvenes, y mujeres por más de dos décadas.

En el 2007, Sheryl empezó a sufrir ataques de pánico debilitantes y consecuentemente fue diagnosticada con TEPT (Trastorno por Estrés Postraumático). Su búsqueda por respuestas a las muchas preguntas que tenía acerca de su pasado, la llevó a la realización que Dios tenía planes más grandes para ella, y no solamente eran encontrar las respuestas a esas preguntas. Él la estaba llamando a compartir un mensaje de esperanza, gracia, misericordia, perdón y libertad.

Sheryl comparte su historia en retiros, conferencias, eventos de mujeres y programas familiares. Si estás interesada(o) en invitar a Sheryl para que comparta en tu evento, por favor comunícate con ella en: sheryl@sherylgriffin.com

Puedes mantenerte al corriente con Sheryl en su página de Internet y su blog en: **www.sherylgriffin.com**

www.ingramcontent.com/pod-product-compliance
Lightning Source LLC
Chambersburg PA
CBHW071918290426
44110CB00013B/1406